宮本武藏著　範士　三橋鑑一郎註

劍道祕要　全

附錄　武藏實傳二天記

武德誌發行所藏版

動

己角打秋

内藤高湖書

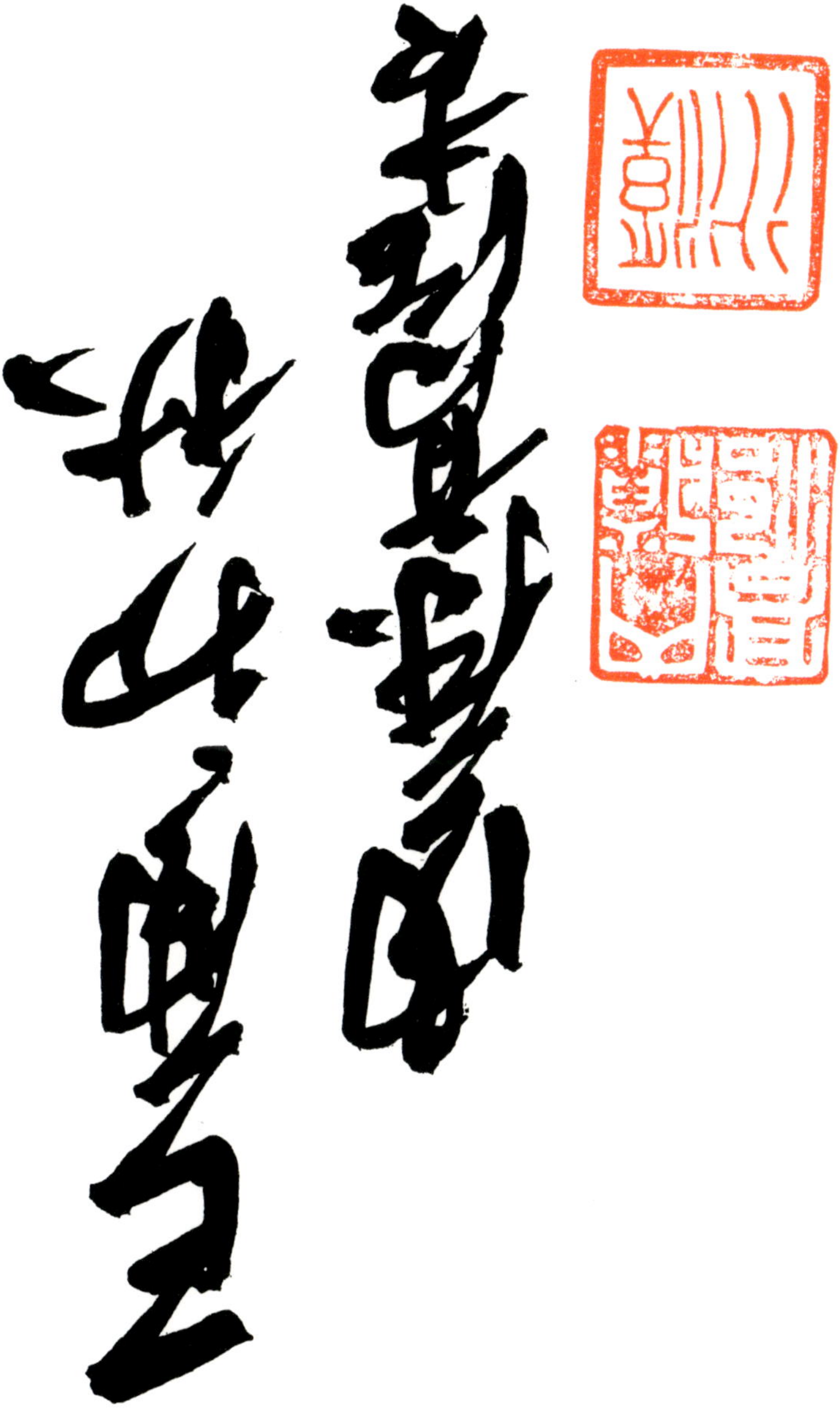

例言

一近來柔道に關する書の陸續刊行せらるゝに關はらず、劍道に關する書籍の出版極めて稀なるは何故なりや、是れには種々の原因あるべしと思はるゝが、就中其重なる理由は柔道家中には比較的少壯にして今日の新教育を受けたる人々多く、隨て是等の人が進んで自己が研究せる事柄を世に公にして、後進の誘掖に資せんとすると、今一つは柔道は劍道に比すれば稍單純にして之を文書に著はすこと劍道程困難ならざるにも由るべし、然るに劍道家中固より新教育を受けたる壯年者少なからずと云へども、所謂斯道の達人、一流の先輩に至りては大概老大家にして、是等の先生は自己が從來刻苦練修せる斯道の奥妙を容易に世に公にするを憚るの情あり、是は必ずしも其道の世間に傳はるを惜むの意にはあらざれども、斯道に忠實なるより其道を尊敬するの念厚く幾分之を神祕にするの感念あるは至極尤もなる事にして、輕々に世に吹聽せざる覺悟は寧ろ愼重の考へなるやも知るべからず、是等も劍道の書の出版多からざる一原因なるべし、而して今一つは古來劍術の流派は之を柔道に比すれば、其數非常に多く、殆ど數百を以て數ふべく、現今盛に行はれつゝあるものにても、尚數十家を下らざる可し、而して其術も亦柔道よりは遙かに複雜なれば、之を文書に著はさんことは頗る困難にして容易に筆を着け難し、是等の事情よりして劍道に關する書は柔道に關するものよりも其出版多からざるもの歟、ヨシ其原因の孰れにあるにせよ、今日の如く廣く世に行はれつゝあるにも關はらず、斯道の研究上後進の參考に適當なりと思はるゝ著述の刊行乏しきは事實にて、甚だ遺憾の次第と云ふ可し、蓋し本書の出版は多少此欠乏を補ひ世の需用に應ぜんが爲めの微意に出たるなり

一劍道を學ぶの參考書として先づ本書を選びたるは、本書が有名なる宮本武藏先生の自著なるは勿論、其眞蹟は熊本の前田家に現存して極めて正確のものなると、且は其の記述するところ啻に技術の上に付て叮嚀親切なるのみならず、能く根本的に斯道の妙境を述べ讀者をして能く技術の曲折を知ると同時に、劍道に就て直に本來の面目に接得せしむるに足るものあればなり

一諸家各々傳授書なるものあり．傳授書とは便ち其流派々々の奥義を口述せるものにして、云はゞ門弟子に傳授する時の箇條書樣のものなり、如何にも其門下の子弟に對して免許口述する箇條書としては其れにて可なるべきも、之を一般に世に公にし、斯道の研究に資せんとするには、條文の稍神祕的なると且は簡易に過ぐるを以て適切ならず、左れど諸家の傳授書は一面より見れば一種の信仰箇條とも云ふべきものにして、之を敷演講述して門人以外の何人にも知り易からしむる事は、以前に在りては甚だ爲すを憚かる事なりしなるべく、是亦從來劍道に關する著述の世間に多からざる一の理由と見るを得べし

一宮本武藏の如何なる人物なるかに就ては　本書を見れば自ら明瞭なるべし、劍道の妙は云ふに及ばず、其の終身婦女を近けず、士の一藝一能あるもの爭ふて　祿を侯伯に求むる時代に在りて、獨り超然として勢利の外に立ち、自ら獨行道一篇を著はして志を云ひ、晩年道を春山禪師に問うて得るところあり　跡を風月に托して半生を過したる如き、其の高風雅懷以て先生が單に一劍客者流に同じからざるものあるを知るべく、

隨て其の人物の如何を推想すべし
一本書の價値に就ては是は評論の範圍外なり、何となれば其は一に見る人の力量如何に
由る事にして、連城の璧も凡眼には一箇の燕石と選ぶところ無ければなり、但本書が
技術の曲折以外直に斯道の根元に溯りて、第一義諦の妙境を探り「誠心誠意」を以て道
の至極と爲し「一心」を以て萬理に應ずるの活潑地を說き示したるは、何人も一讀首肯
するところなるべし、蓋し先生の本領は必ずしも蠅頭蝸脚の末に在らざるに似たり
一本書の用語は二百年以前の當時の日用語を其まゝ用ゐたる處多く、今日の所謂言文一
致體に稍々近き體裁とも見るべきものあり、故に今日の文法語格を以てしては、頗る
解し難きもの多く間々文章を爲さゞるところあり、然れども先生は固より學者にもあ
らず、文章家にもあらず、又初めより學者らしく、文章家らしき考へを以て此書を書記
したるに非ざる事は先生の自序によるも明かなり、本書論述の趣意は五十年の實驗上
より得來りたる二刀一流の流義に就て、極めて平易率直に殆ど思ふまゝを筆に著はし
て二三の門人等に書き與へたるに過ぎざるものなれば、文法上の少なからざる誤謬欠

點は此書の眞價と全く沒交涉なる事を知らざる可らず

一前項の如く本書は文法語格上の誤謬決して少からずと云へども、其を一々訂正せん乎、全然本書の體裁を一變して、今日の文章と同じ體裁のものと爲さゞる可らず、其れにては啻に本書の妙味を損するのみならず、却て先生が當時の俗語を交へ平易を主とし、て言文一致體に書記したる本意にも違ふことゝなるが故に、一に原文に從ふて敢て漫りに更改せず、但「量」と「領」と、「理」と「利」と、「義」と「儀」との誤りの如き、或は「地形」を地行と書し「滄海」を惣海と書したる等の如き明白なる誤字は、見當るに隨て大概之を改めたりと云へども、尚遺漏多かるべし、總じて是等は必ずしも原文の誤りと限るべからず、或は傳寫の際筆者偶然の誤字も必ず少なからざるべし

一原文は假名書き非常に多く、通讀の際困難を感ずること少なからず、例せば「くうてんろうかく」の如き、「だうたうがらん」の如き是れなり、是等は「宮殿樓閣」「堂塔伽藍」の本字に改めたり、其他之に類するもの極めて多く「於」の如き原文は悉く「れいて」と假名書したるを今皆「於て」に改めたり、要するに通讀に不便のものに限り、大概本字

に改めたるも、尙原文のまゝになしたるもの甚だ多し

一凡そ書を讀むには自ら一種の讀書眼あるを要ず、然らざれば之を讀むも尙讀まざるに同じく何等の効益なかるべし、所謂讀書眼とは他なし心の工夫是れなり、古人云ふ、目讀千篇は心讀一篇に如ずと、心讀とは工夫を云ふなり、書を讀むに苟も此の反省々察の工夫を缺かば初めより讀まざるに同じ、本書の如き亦然り、唯文字の末に泥み言句の間に拘々たらば二刀一流の精神は遂に得るところ無く、而して先生の本意も隨て徒爾に歸せんとす、豈惜しからずや、此書を見るもの宜敷反覆すべし

明治四十二年九月

自序

兵法ノ道二天一流ト號シ數年鍛練ノ事初メテ書物ニ顯サント思フ、時寛永二十年十月上旬ノ頃九州肥後ノ地岩戸山ニ上リ天ヲ拜シ觀音ヲ禮シ佛前ニ向ヒ、生國播磨ノ武士新免武藏守藤原玄信歳ツモツテ六十、我若年ノ昔ヨリ兵法ノ道ニ心ヲカケ十三ニシテ初メテ勝負ヲ爲ス、其ノ間新當流有間喜兵衞ト云フ兵法者ニ打勝チ、十六歳ニシテ但馬國秋山ト云フ兵法者ニ打勝ツ、二十一歳ニシテ都ニ上リ天下ノ兵法者ニ會ヒ數度ノ勝負ヲ決ストイヘドモ勝利ヲ得ザルト云フトナシ、其後國々所々ニ至リ諸流ノ兵法者ニ行逢ヒ六十餘度マテ勝負ヲナストイヘ共一度モ其利ヲ失ハズ、其程歳十三ヨリ二十八九マデノ事ナリ、我三十ヲ越テ過去ヲ思ヒ見ルニ兵法ニ至極シテ勝ニハアラズ、オノヅカラ道ノ器用有テ天理ヲハナレザル故カ、又ハ他法ノ兵法不足ナル所ニヤ、其後尚モ深キ道理ヲ得ント朝鍛夕練シテ見レバ自ラ兵法ノ道ニ合フ事我五十歳ノ頃ナリ、夫ヨリ以來ハ尋子入ベキ道ナクシテ光陰ヲナクル、兵法ノ理ニマカセテ諸藝諸能ノ道ヲ學ベバ萬事ニ於テ我ニ師匠ナシ、今此書ヲ作ルト云ヘ共佛法儒道ノ古語ヲモカラズ、軍記軍法ノ古キコトヲモ用ヒズ、此一流ノ見タテ實ノ心ヲ顯ス事天道ト觀世音ヲ鏡トシテ十月十日ノ夜寅ノ一天ニ筆ヲトウテ書初ルモノ也

夫れより以下云々の一節宮本武藏先生の本領にして亦本書の主意此に外ならざるを見るべし、先生劍道の妙は實相圓滿にして圭角なく痕跡なく直に道の本體に歸着するを以て主と爲すに在り、道の本體とは他なし誠の一字なり、直の一字なり、唯此の一字は是れ本書の始中終を通じて一貫々通せる生命なり、五法、六道、三心、三

構歸するところは誠の一字に外ならず、先生歳十二歳より眞劍の勝負を以て其名聲を知られ一生涯六十餘度の立合に遂に一度も敗を取らず、能く王侯の尊を屈し天下の豪傑を風靡して二刀一流の流風一世に振ひ、後代に傳ひ、今に至りて衰へざるものは獨り劍道の德のみならんや、元和偃武以來劍道の盛なること古今稀なるところなり、一流一派を立て門戸を張り子弟を敎授するもの天下到る處に其跡を絶たず而して其の術の妙を極めたるもの亦決して少なからず、飯篠長成齋の神陰流に於ける伊東友景入道の一刀流に於ける、塚原佐土の卜傳流に於ける、柳生宗矩の柳生流に於ける、皆斯道の先達、斯界の明星なり、其他支派末流の徒に至りては數ふるに遑あらず、然りと云へども其人去りて其名今に存するもの幾何ぞ、其名存するも其の名聲門流の盛にして在世の時と齊敷今に至りて衰へざる我武藏先生の如きもの果して幾人ありや、之に依て之を觀るに先生の德の能く今日の如くなる所以は獨り其の劍道の精妙古今に獨歩、天下に冠絶するのみならず、必ずや其の人品性行の大に普通の劍客者と異なるものあるに由らずんばあらず本書の趣意は先生直に自己平生の學ぶところを以て丁寧反覆後進を誘掖して斯道を傳へんとするに在るを以て、即ち文學の修飾を施さず、辭句の彫琢を用ゐざるは勿論、其の説くところも所謂る佛法儒道の古語をもからず、軍記軍法の古き事をも取らず、全く先生自得の旨趣を陳ぶるに在り、此は自ら其由來を記して本書の毫も世に衒ひ、人に諛ふものに非ざることを明すなり

夫兵法ト云フ事武家ノ法ナリ、將タル者ハ取ワケ此法ヲ行ヒ卒タルモノモ此道ヲ知ベキ事ナリ、今世ノ中ニ兵法ノ道慥ニ辨ヘタリト云武士ナシ、先ヅ道トシテ世ニ顯ハレシルハ佛法トシテ人ヲ助クル道、又儒道トシテ文學ノ道、醫者ト云ヒテ諸病ヲ治スル道、歌ハ歌道者トシテ和歌ノ道ヲ教ヘ、或ハ數寄者弓術者、其他諸藝諸能マデモ思ヒ〳〵ニ稽古シ心々ニ好《ス》クモノナリ、兵法ノ道ニハ好ク人稀ナリ、先ツ武士ハ文武二道ト云フ二ツノ道ヲ嗜ムコト最モ肝要ナリ、大

形武士ノ平常思フ心ヲ計ルニ武士ハ唯死スルト云道ヲタシナム事ト覺《サト》ル程ノ儀ナリ、死スル道ニ於テハ武士バカリニ限ラズ、出家ニテモ女ニテモ百姓以下ニ至ルマデ凡ソ義理ヲ知リ耻ヲ思ヒ、死スル處ト思ヒ切ル事ニハ其差別ナキモノナリ、武士ノ兵法ヲ行フ道ハ何事ニ於テモ人ニ優ルヽ所ヲ本トシテ或ハ一身ノ切合ニ勝チ、或ハ數人ノ戰ニ勝チ、主君ノ爲メ我身ノ爲メ名ヲ揚ケ身ヲ立ントト思フベシ、是レ兵法ノ德ナリ、又世ノ中ニ兵法ノ道ヲ習フトモ實ノ時ノ役ニハ立ツマジキト思フ心有ベシ、其義ニ於テハ何時ニテモ役ニ立ツヤウニ稽古シ、萬事ニイタリ役ニ立ツヤウニ教フル事是兵法ノ實ノ道ナリ

正保二年五月十二日

新免宮本武藏玄信

二刀一流 剣道秘要

五輪之書　宮本武藏著

大日本武德會範士　三橋鑑一郎補註

地之卷

夫兵法ト云フ事武家ノ法タリ將タル者ハ取分ケ此法ヲ行ヒ卒タル者モ此法ヲ知ルベキ事ナリ、今世ノ中ニ兵法ノ道慥ニ辨ヘタルト云フ武士ナシ、先ヅ道ヲ顯ハシテアルハ佛法トシテ人ヲ助クル道、又儒道トシテ文ノ道ヲ糺シ醫者トシテ諸病ヲ治スル道、或ハ歌道者トテ和歌ノ道ヲ教ヘ或ハ數寄者弓法者、其外諸藝諸能マデモ思ヒ〳〵ニ稽古シ、心々ニ好クモノナリ、兵法ノ道ニハ好ク人マレナリ、先ヅ武士ハ文武二道ト云ヒテ二ツノ道ヲ嗜ム事是道也、縱ヒ此道不器用ナリトモ武士タルモノハ己レ々々ガ分際程ハ兵法ヲバ勤ムベキ事ナリ、大形武士ノ思フ心ヲ忖ルニ武ハ只死ヌルト云フ事ヲ覺ユル程ノ儀ナリ、死スル道ニ於テハ武士バカリニ限ラズ、出家ニテモ女ニテモ百姓以下ニ至ル迄義理ヲ思ヒ耻ヲ思ヒ死スルベキヲ思ヒ切ル事ハ其差別ナキモノナリ、武士ノ兵法ヲ行フ道ハ何事ニ於テモ人ニスグル、所ヲ本トシ、或ハ一身ノ切合ニ勝チ、或ハ數人ノ戰ニ勝チ、主君ノ爲メ我身ノ爲メ、名ヲ揚ケ身ヲ立ント思フ、是レ兵法ノ德ヲ以テナリ、又世ノ中ニ兵法ノ道ヲ習ヒテモ實ノ時ノ役ニハ立ツマジキ

世ノ中ヲ見ル云云ノ一段ヨタク〜注

ト思フ心アルベシ、其儀ニ於テハ何時ニテモ役ニ立ヤウ稽古シ万事ニ至リ役ニ立ヤウニ教フ事、是兵法ノ實ノ道也、

一兵法ノ道ト云フ事

漢土和朝マデモ此道ヲ行フモノヲ兵法ノ達者ト云ヒ傳ヘタリ、武士トシテ此法ヲ學バズト云フ事アルベカラズ、近來兵法者ト稱シテ世ヲ渡ル者アリ是ハ劍術一通リノ事ナリ、近年常陸國鹿島香取ノ社人ドモ明神ノ傳ヘトシテ流々ヲ立テ國々ヲ廻リ人ニ傳ル事近キ頃ノ儀ナリ、古ヨリ十能六藝トアル内ニ利方ト云ヒテ藝ニワタルト云ヘ共既ニ利方ト云ヘバ劍術一通リニ限ルベカラズ、劍術一篇ノ利マデニテハ劍術モ知リガタシ、勿論兵ノ法ニハ叶ベカラズ、世ノ中ヲ見ルニ諸藝ヲ賣物ニシタテ我身ヲ賣物ノヤウニ思ヒ、諸道具ニ付テモ賣

意シテ見ルベシ斷道ヲ實物ニスルコト古今モ其人甚タ多シ嘆ズベキノ至リナリ

物ニコシラユル心、花實ノ二ツニシテ花ヨリ實ノ少キ所ナリ、取分ケ此兵法ノ道ニ色ヲカザリ花ヲサカセ術ヲテラヒテ或ハ一道場或ハ二道場ナド云テ此道ヲヲシヘ、又此道ヲ習フテ利ヲ得ント思フ事所謂ナマ兵法大疵ノ本トハ是ナルベシ、凡人ノ世ヲ渡ル事士農工商トテ四ツノ道アリ、一ツニハ農ノ道、農民ハ色々ノ農具ヲ設ケ四季轉變ノ心得暇ナクシテ春秋ヲオクル事是農ノ道ナリ、二ツニハ商ノ道、酒ヲ造ルモノハ夫々ノ道具ヲ求メ其善惡ノ利ヲ得テ渡世ト爲ス、何レモ其身々々ニカセギ其利ヲ以テ世ヲ渡ル事是商ノ道ナリ、三ツニハ士ノ道、武士ニ於テハ樣々ノ兵具ヲ拵ヘ、一々兵具ノ德ヲ辨ヘタランコソ武士ナルベケレ、兵具ヲモ嗜マズ其具々々ノ利ヲモ覺エザル事武家ノタシナミノ淺キモノ歟、四ツニハ工ノ道、大工ノ道ニ於テハ種々様々ノ道具ヲ匠ミ拵ラエ、其具々々ヲ能ツカヒ覺エ、矩《カネ》ヲ以テ其差圖ヲ糺シ、暇ナク其ワザヲシテ世ヲ渡ルナリ、是レ士農工商四ツノ道ナリ、今兵法ヲ大工ノ道ニタトヘテ云ヒ顯ハスナリ、大工ハ大イニタクムト書クナレバ兵法ノ道モ大イナル匠ミニ依テ大工ニ云ナゾラヘテ書キ顯ハスナリ、兵法ヲ學バント思ハヾ此書ヲ思案シテ師ハ針、弟子ハ糸トナツテ絶エズ稽古アルベキ事ナリ、

夫れ剣道は生死の道なり、剣は檢なり非違を防遏するを主とす、換言すれば剣は身を護るの具にして人を斬るの具にあらずと云へども、一身の危難を防ぎ我生命の全きを得んと欲すれば亦人を斬るの止むを得ざるに至るは勢ひの免れがたきところなり、之に於てか剣は身を護ると同時に他を斬るものなり、既に他を斬らんとするに於ては其事實に人の生死に關す、其の道たるや極めて眞面目ならざるべからざるは

勿論なり然るに世に所謂剣術者と稱するもの往々にして斯道を賣物にして專ら華技を衒ひ、或は色を飾り譽を求め技の巧拙を第二にして只管世に媚び利を貪らんことを欲するものあり、實に痛歎の至りにして是れ必ずしも今の世に限らず、既に遠く二百餘年前斯道の極めて盛なる時代即ち武藏先生の時よりして此の如きの弊害ありたるなり、先生之を慨して此に深く之を戒しめ置かれたり

一兵法ノ道大工ニ喩ヘタル事

大將ハ大工ノ頭領トシテ天下ノ規矩《カネ》ヲワキマヘ其國ノ規矩《カネ》ヲ知ル事頭領ノ道ナリ、大工ノ頭領ハ堂塔伽藍ノ墨金《スミガネ》ヲ覺エ宮殿樓閣ノ差圖ヲ知リ、人々ヲツカヒ家ヲ取建ルコト大工ノ頭領モ武家ノ頭領モ其義同ジコトナリ、家ヲ建ルニ木配リヲスル事直ニシテ節モナク見ツキノ宜キヲ表ノ柱トシ、少シ節有リトモ直ニツヨキヲ裏ノ柱トシ、

縦ヒ少シ弱クトモ節ナキ木ノ見様ヨキヲバ敷居鴨居戸障子トソレソレニツカヒ、節有リトモ歪《ユガ》ミタリトモツヨキ木ヲバ見分ケ能ク吟味シテ使用スルニ於テハ其家久シク崩レガタシ、又材木ノ内ニシテモ節多ク歪ミテ弱キヲバ足代トモナシ後ニハ薪木トモ爲スベキコトナリ、頭領ニ於テ大工ヲツカフ事其上中下ヲ知リ、或ハ床廻リ或ハ戸障子、或ハ敷居鴨居天井以下ソレ〳〵ニツカヒテ、悪キニハ根太ヲハヲセ尚悪キニハ楔ヲ削ラセ、人ヲ見ワケテツカヘバ其捗行テ手ギワ善キモノナリ、捗行キ手ギワヨキト云所、モノゴトニ氣ヲユルサザルコト大勇ナリ、氣ノ上中下ヲ知ルコト、勇ミヲ付ルト云事、無體ヲ知ルト云フ事、斯様ノコト共頭領ノ心持ニアル事ナリ、兵法ノ理亦斯ノゴトシ、

一兵法ノ道士卒タル者ノ事

士卒ハ恰モ大工ニシテ、手ヅカラ其道具ヲ磨ギ、イロ〳〵ノセメ道具ヲコシラエ、大工ノハコニ入テ持チ、頭領ノ云付ル所ニ從ヒテ柱虹梁ヲモ手斧ニテ削リ、床棚ヲモ鉋ニテ削リ、透シモノ彫リ物ヲモシテ能規矩《カネ》ヲ糺シ、スミ〳〵マデモ手ギワヨク仕立ル所大工ノ法ナリ、大工ノ業手ニカケテヨク仕覺エ、墨金《スミガネ》ヲヨク知レバ後ハ頭領トナル物ナリ、大工ノ嗜ミ宜キモノハ道具ヲバ常ニ磨クコト肝要ナリ其道具ヲ取テ手棚、机、又ハ行灯、俎板、鍋ノ蓋マデモ達者ニスル處大工ノ業ナリ、士卒タルモノ亦此ノゴトクナリ、此道ヲ學バント思ハヾ書顯ス所ノ條々能ク心ニ入テ吟味アルベシ、

一此兵法ノ書五卷ニ仕立ツル事

五ツノ道ヲワカチ一卷々々ニシテソノ利ヲ知ラシメンガタメニ地水火風空ノ五卷トシテ書顯スナリ、

第一地ノ卷　兵法ノ道ノ大體、我ガ一流ノ見立、劍術一通リニシテハ誠ノ道ヲ得ガタシ、大イナル所ヨリ小キ所ヲ知リ、淺キヨリ深キニ至ル直ナル道ノ地形ヲ引均スニヨッテ初ヲ地ノ卷ト云ヒ名付クナリ、

第二水ノ卷　水ヲ本トシテ心ヲ水ニナスナリ、水ハ方圓ノ器ニ從ヒ一滴トナリ滄海トナル、水ニ碧潭ノ色アリ、清キ所ヲ用ヰテ一流ノ事ヲ此卷ニ書顯スナリ、劍術一通リノ理定カニ見分ケ一人ノ敵ニ自由ニ勝トキハ世界ノ人ニ皆勝ツ所ナリ、一人ニ勝ト云フ心ハ千萬ノ敵ニモ同意ナリ、將タルモノ、兵法小サキヲ大ニナスコト尺ノ金ヲ

誰カ云フ劍ハ是一人ノ敵ト是レ劍ノ形ヲ知テ劍ノ意ヲ

知ラザルノ過チナリ

以テ大佛ヲ建ルニ同ジ、ケ様ノ儀コマヤカニハ書分ケガタシ一ヲ以テ萬ヲ知ルコト兵法ノ利ナリ、一流ノ事此水ノ巻ニ書シルスナリ、

第三火ノ巻　此巻ニ戰ヒノ事ヲ書シルスナリ、火ハ風ニ隨テ大小トナリケヤケキ心有ニヨッテ合戰ノ事ヲ書ナリ、合戰ノ道一人ト一人トノ戰ヒモ萬人ト萬人トノ戰モ同ジ道ナリ、心ヲ大キクナシ意ヲ小サクナシテ能ク吟味シテ見ルベシ、大イナル所ハ見エ安シ、小キ所ハ見エガタシ、其仔細多人數ノ事ハ卽坐ニモトオリガタシ、一人ノ事ハ心一ツニテ變ル事早キニヨッテ小キ所ハ却テ知リ得ガタシ、能吟味アルベシ、此火ノ巻ノヿ早キ間ノ事ナルニヨリテ日々ニ手馴レタル常ノコト、思ヒ心ノ替ラヌ所兵法ノ肝要ナリ、シカルニヨッテ戰ヒ勝負ノ所ヲ火ノ巻ニ書顯スナリ、

第四風ノ巻　此巻ヲ風ノ巻トシルスコト、我ガ一流ノ事ニハアラズ、世ノ中ノ兵法其流々ノ事ヲ書ノスル所ナリ、風ト云フニ於テハ昔ノ風今ノ風、其家々ノ風ナドアレバ世間ノ兵法其流々ノシワザヲ定カニ書顯ハス是風ノ巻ナリ、他ノ事ヲ能ク知ズシテハ自ノワキマヘ成ガタシ、日々ニ其道ヲツトムルト云フ共心背キテハ其身ハ善シト思フトモ直グ成ル所ヨリ見レバ實ノ道ニハアラズ、實ノ道ヲ究メザレバ始メ少シノ心ノ歪ミモ後ニハ大ニユガムモノナリ、物事ニ餘リタルハ足ラザルニ同ジ、ヨク吟味スベシ、他ノ兵法劍術バカリト世ニ思フコト尤ナリ、我兵法ノ利ワザニ於テハ各別ノ儀ナリ、世間ノ兵法ヲ知ラシメン爲ニ風ノ巻トシテ他流ノ事ヲ書顯スナリ、

第五空ノ巻　此巻空ヲ書顯スコト、既ニ空ト云フ時ハ何ヲカ奥ト云

ヒロト云ハン、道理ヲ得テハ道理ヲハナレ、兵法ノ道ニ自然ト自由有テ自然ト奇特ヲ得、時ニアヒテハ拍子ヲ知リ、オノヅカラ打、オノヅカラアタル事是皆空ノ道ナリ、自然ト實ノ道ニ入事ヲ空ノ卷ニシテ書トヾムルモノナリ、

凡そ地水火風空五法の事、一應兵法修行の順序を書き著はしたるものにして必ずしも固執すべきにあらず、先生の所謂「構へありて構へ無し」と云ふもの即ち斯道の奥義にして其の妙境に至りては實相即ち無相、無相即ち有相なれば恰も鏡花水月の如く、影あれども捕ふる能はず形あれども物に着かず、手に劍を忘れ劍も亦手を忘る、唯是れ圓滿玲瓏たる中天の明月のみあり皎々として空にかゝるを見る、一心の働くところ一人能く萬人に敵すれば、萬人亦以て一人と對すべし、苟も斯道を學ぶもの能く此意を得て二刀一流の極意に達すれば劍を使ふに於て思ひ半に過ぐるものあらん、去れども初心のものに在りては固より順序に依らざるべからず、山に登るに一

歩を麓に投じ漸く上りて漸く高く、遂に絶頂に至りて初めて四望廣濶天地の大觀を極むることを得るが如く、道を學ぶの順序亦此の如きのみ、初めより心を高遠に馳せ偏に堂奥に入らんとして急ぐとも、門戸より入るにあらざれば敷居を越えがたし、敷居を越えざれば何によりてか堂に進み奥に至ることを得んや、

一此一流二刀ト名クル事

二刀ト云出ス處武士ハ將卒トモニ直ニ二刀ヲ腰ニ付ル役ナリ、昔ハ太刀《タチ》刀《カタナ》ト云フ、今ハ刀脇差《カタナワキザシ》ト云フ、武士タルモノ、此兩刀ヲ持ツ事コマカニ書顯スニ及バズ、我朝ニ於テ知ルモシヲヌモ腰ニ帶ル事武士ノ道ナリ、此二ツノ利ヲ知ヲシメンタメニ二刀一流ト云ナリ、鑓長刀ヨリシテハ外ノ物ト云フテ武具ノ内ナリ、一流ノ道初心ノ者ニ於テ太刀刀兩手ニ持テ道ヲ志シ習フ事實ノ所ナリ、一命ヲ捨ル時ハ道具ヲ殘サズ役ニ立テズ腰ニ納メテ死スル事本意ニアルベカラス、

然ドモ兩手ニ物ヲ持ツ事左右トモニ自由ニハ叶ヒガタシ、太刀ヲ片手ニテ取リナラハセン爲ナリ、鑓長刀大道具ハ是非ニ及バズ、刀脇差ニ於テハイヅレモ片手ニテ持ツ道具ナリ、太刀ヲ兩手ニテ持テアシキ事ハ第一馬上ニテ惡シ、カケ走ルトキ惡シ、沼、フケ、(フケハ深田ナリ)石原、險シキ道、人ゴミニ惡シ、左ニ弓鑓ヲ持チ其外何レノ道具ヲ持テモ皆片手ニテ太刀ヲ使フモノナレバ、兩手ニテ太刀ヲ構フルコト實ノ道ニアラズ、若シ片手ニテ打コロシガタキ時ハ兩手ニテモ打留ルベシ、手間ノ入ル事ニテモ有ルベカラズ、先ヅ片手ニテ太刀ヲ振リナラハセン爲ニ二刀トシテ太刀ヲ片手ニテ振リ覺ユル道ナリ、人毎ニ初テ取時ハ太刀重クシテ振リマハシガタキモノナレドモ、其ハ太刀ニ限ラズ萬初メテ取付ル時ハ弓モ彎ヒキガタシ長刀モ振リガタシ、何レモ其道具々々ニ慣レテハ弓モ力ツヨクナリ、太刀モ振リツケヌレバ道ノ力ヲ得テフリヨクナル、太刀ノ道ト云フ事早ク振ルニアラズ、第二水ノ卷ニテ見ルベシ、太刀ハ廣キ所ニテフリ脇差ハセバキ所ニテフルコト先ヅ道ノ本意ナリ、此一流ニオイテハ長キニテモ勝チ短キニテモカツニ依テ太刀ノ寸ヲ定メズ、何ニテモ勝事ヲ得ル心一流ノ道ナリ、太刀一ツ持タルヨリモ二ツ持テ善キ所、多勢ト一人シテ戰フ時、又取リ籠リ者ナドノ時ニヨキコトアリ、ケ樣ノ儀今委シク書顯スニ及バズ一ヲ以テ萬ヲシルベシ、兵法ノ道行ヒ得テハ一ツモ見エズト云フ事ナシ、ヨク〳〵吟味有ベキナリ、

一兵法二刀ノ利ヲ知ル事

此道ニ於テ太刀ヲフリ得タル者ヲ兵法者ト世ニ言傳ヘタリ、武藝ノ

道ニ於テ弓ヲ能ク射レバ射手ト云ヒ、鐵砲ヲ得タル者ハ鐵砲打ト云ヒ、鑓ヲ遣ヒ得テハ鑓遣ヒト云ヒ、長刀ヲ覺エテハ長刀ツカヒト云フ、然ルニ於テハ太刀ノ道ヲ覺エタル者ヲ太刀遣ヒ、脇差遣ヒト云ハンコトナリ、弓鐵砲鑓長刀皆是武家ノ道具ナレバ何レモ兵法ノ道ナリ、然レドモ太刀ヨリシテ兵法ト云事道理ナリ、太刀ノ德ヨリシテ世ヲ治メ身ヲ治ムル事ナレバ太刀ハ兵法ノ起ル處ナリ、太刀ノ德ヲ得テハ一人シテ十人ニ必ズ勝ツ事ナリ、一人ニシテ十人ニ勝タバ百人ニシテ千人ニ勝チ、千人ニシテ萬人ニ勝ツ、然ルニヨツテ我ガ一流ノ兵法ハ一人モ萬人モ同ジ事ニシテ武士ノ法ヲ殘ラズ兵法ト云所以ナリ、道ニ於テ儒者佛者數寄者亂舞者、是等ノ事ハ武士ノ道ニテハナシ、其道ニアヲズト云フ共道ヲ廣ク知レバ物每ニ出アフテ通

ゼザル事ナク、何レモ人間ニオイテ我道ヲ能研ク事肝要ナリ、

一兵法ニ武具ノ利ヲ知ルト云フ事

武具ノ利ヲワキマユルニ何レノ道具ニテモ折ニフレ時ニシタガヒ役ニ立ツモノナリ、脇差ハ坐ノセマキ所、敵ノ身側ニヨリテ其利多シ、太刀ハ何レノ所ニテモ大カタ其ノ利アリ、長刀ハ戰場ニテハ鑓ニヲトル心アリ、刀ハ先手ナリ長刀ハ後手ナリ、同ジ位ノマナビニシテハ刀ハ少シツヨシ、鑓長刀モ場處ニヨリ詰リタル所ニテハ其利少シ、取籠リ者ナドニモ然ルベカラズ、只戰場ノ道具ナルベシ、合戰ノ場ニシテハ肝要ノ道具ナリ、去レドモ唯坐敷ニテノ利ヲ覺エ細ヤカニ思ヒ實ノ道ヲ忘ル丶ニ於テハ役ニ立チガタカルベシ、弓ハ合戰ノ場ニテカケヒキニモ出合ヒ、鑓ワキ其外物キワ〳〵ニテ早ク取合スル

モノナレバ野合《アヒ》ノ合戰ナドニ取分ケ宜キモノナリ、當世ニ於テハ弓ハ中スニ不及、諸藝花多クシテ實スクナシ、サヤウノ藝能ハ肝要ノ時役ニ立ガタシ、其利少ナシ、城廓ノ内ニシテハ鐵砲ニシクコトナシ、野合《アヒ》ナドニテモ合戰ノハジマラヌ内ニハ其利多シ、戰既ニ始マリテハ不足ナルベシ、弓ノ一ツノ德ハ放ツ矢人ノ目ニ見エテ吉シ、鐵砲ノ玉ハ目ニ見エザル處不足ナリ、此儀能ク吟味アル可キコトナリ、馬ノ事强クコタヘテ癖ナキ事肝要ナリ、總テ武具ニ付テハ馬モ大カタニアリキ、刀脇差モ大カタニ切レ、鑓長刀モ大カタニトホリ、弓鐵砲モ强クソコ子ザルヤウニ有ベシ、道具以下ニモ片分ケテ好ク事アルベカラズ、(刀ナレバ刀、弓ナレバ弓ト唯一ツノ道具ヲノミ片ヨリテ好ムベカラズトノ意ナリ)餘リタルコトハ足ヌト同ジ事ナリ、人眞似ヲセズトモ我身ニシタガヒ武道具ハ手合ウヤウニ

有ベシ、將卒トモニ物ニ好キ、物ヲ嫌フコトアシヽ、工夫肝要ナリ、

凡そ武具の大小長短は何れも一長一短ありて、必ずしも長きを善しとも短きを惡しとも、將た短きを善しとも長きを惡しとも定めがたし、而して其の利害得失は武具其物に在りと云はんより寧ろ之を使ふ人に在りと云ふ方適當なるべし、何となれば人には身體の大小と力の強弱とあれば、屈強の體格にして力の強き人は其れに應じて武具も長大なるを使ふに自由なるべく、之に反して丈高からず力も弱き人は武具も隨て長大ならざるものを使用すべき道理なればなり、而して力の強弱と身體の大小の外に技術上より習ひ得たる得意不得意もあるべし、其は屈強の人にして好んで小太刀を用ふるもあるべく、又餘り強からざる人にして好んで大劍長鎗を使ふ人もあるべし、要は其人々の好みに應じて用ふるこそ自然の道理なるべきを以て、初より何尺何寸など一定せんとするは總て僻事と知るべきなり、武藏先生の如きは此理を以て、武具は常に其場合を見て使ふが故に毫も一定せるもの無きが如し、譬へば場處

の狹隘なる時は短かきものを用ゐ、廣きところは長きものを持ち、又敵多人數なる時は兩刀を揮ひ、一人々々の時は或は手頃の棒など有合せのものを手當り次第に用ゐたるが如し、要するに武具の大小長短は一に手に合ひ身に應じたるこそ善けれ、是れ先生の劍道が物に拘はらず杓子定規に陷らず、一に心の妙用を主とする所以なり、

一兵法ノ拍子ノ事

物毎ニツキ拍子ハ有モノナレドモ取分ケ兵法ノ拍子鍛練ナクテハ及ビガタキ所ナリ、世ノ中ノ拍子人目ニ能ク顯ハレテ有ル事亂舞ノ道、伶人管弦ノ拍子ナド是ミナ能クアフ所ノ拍子ナリ、武藝ノ道弓ヲ射鐵砲ヲハナシ馬ニ乘ル事マデモ拍子調子ハアリ、諸藝諸能ニ至テモ拍子ヲ背クコトハ有ルベカラズ、又空成ル事ニ於テモ拍子ハアリ、武士ノ身ノ上ニシテ奉公ニ身ヲ仕上ル拍子、仕下ル拍子、ハズノア

フ拍子（ハズハ筈ニテ氣合ノ合フコトナリ）ハズノチガフ拍子アリ、或ハ商賣ノ道分限ニ成ル拍子、分限ニテモ其絶ル拍子、道々ニ付テ皆拍子ノ相違アル事ナリ、物毎ニサカユル拍子、衰フル拍子等ヨク〳〵分別スベシ、兵法ノ拍子ニ於テ樣々アルコトナリ、先ヅ合フ拍子ヲ知テ違ウ拍子ヲワキマヘ、大小遲速ノ拍子ノ中ニモ當ル拍子ヲ知リ、間ノ拍子ヲ知リ、背ク拍子ヲワキマヘズシテハ兵法確カナラザル事ナリ、兵法ノ戰ニ其敵々ノ拍子ヲ知リ、敵ノ思ヒヨラザル拍子ヲ以テ勝ツ所ナリ、何レノ卷ニモ拍子ノ事ヲ專ラ書シルスナリ、其書付ノ吟味ヲシテ能ク鍛練アルベキモノナリ、

拍子と云ふ事は劍道に取りて極めて大切の詞なり、拍子とは今日にて云ふ機會の事なり、卽ちはずみの事なり、何事にても物の機會はあるものなり、事を爲すに此の

機會に乘じはずみに付込みて爲せば爲しやすきが如く、剣道にては殊に此の拍子卽ち機會を知りて機に乘ずる事肝要なり、武藏先生の爲すところを見るに何時にても此機會を心掛けられたる如し、例へば洛北に於て吉岡又七郎の多勢と戰ひたる時の如き、先きに淸十郎傳七郎と戰ひたる時は先生期に遲れて至り、敵の待くたびれたる處に不意に斬込んで勝を制し、又七郎の時は約束の時刻より早く至りて我より敵を待ち受け、敵の前に遲れたるを思ふて油斷して居る處を、闇中より突出して先づ其の膽を奪ひて一擧に勝利を博せるなど、又後に佐々木岸流と勝負を決したる時も、巧みに敵を怒らして唯一擊の下に勝利を得たるなど、今より思ふに皆先生が機會を利用しはずみを打たるものと云ふべし、而して此の機會は獨り自然と來る場合もあるべしと云へども、先生は多く自ら此の機會を造り出す事に心を用ゐられたるものなり、今の剣道を學ばんものも此理を知ると知らざるとは技術の上に於て大なる損得あるべし、能く〳〵考ふべき事なり、

右一流ノ兵法ノ道、朝ナ〳〵夕ナ〳〵勤メ行フニヨリテ自ラ廣キ心ニナリテ、多分一分ノ兵法トシテ世ニ傳ルトコロ初テ書キ顯ス事、地水火風空是レ五巻ナリ、我兵法ヲ學バント思フ人ハ道ヲ行フ法アリ、第一ニヨコシマナキコトヲ思フ、第二ニ道ヲ鍛練スル處、第三ニ諸藝ニサワルトコロ、第四ニ諸職ノ道ヲ知ルコト、第五ニ物事ノ損得ヲワキマユル事、第六ニ諸事目キヽヲシ覺ユル事、第七ニ目ニ見エヌ處ヲサトル事、第八ニ僅カナル事ニモ氣ヲ付ル事、第九ニ役ニ立ヌコトヲセザル事、大カタ此ノ如キ理ヲ心ニカケテ兵法ノ道鍛練スベキナリ、此道ニ限テ直ナル處ヲ廣ク見立ザレバ兵法ノ達者トハナリガタシ、此法ヲマナビ得テハ一身ニシテ二十三十ノ敵ニモ負クベキ道ニアラズ、先ヅ氣ニ兵法ヲ絶ヤサズ直ナル道ヲ勤メテハ手ニテモ打勝チ、目ニ見ル事モ人ニ勝チ、又鍛練ヲ以テ惣體自由ナレバ身ニテモ人ニ勝チ、又此道ニ慣レタル心ナレバ心ヲ以テモ人ニ勝ツ、道ヲ學ビテ此ニ至ル時ハ如何ニシテモ人ニ負クルコトアル可ラズ、又大キナル兵法ニシテハ善人ヲ持事ニ勝チ、人數ヲツカフ事ニ勝チ、身ヲ正シク行フ道ニ勝チ、國ヲ治ムル事ニ勝チ、民ヲ養ナフ事ニ勝チ、世ノ禮法ヲ行ナフニ勝ツ、何レノ道ニ於テモ人ニ負ケザル所ヲ知リテ身ヲ助ケ名ヲ助クルトコロ是レ兵法ノ道ナリ、

以上は五法中の地《ち》の巻なり、地は一切萬事萬物を載せて能く雨露浸潤の徳を以て成育を遂げしむるものなり、凡そ剣道を學ばん程のもの先づ此の巻の意を能く心得なば其他は自から手に入り心に解くべし、第一には誠心誠意を專らとすべき事なり、即ち書中先生の所謂「第一ニヨコシマ無キコトヲ思フ」とは是れなり、元來兵は奇道

なれば時により處に隨ひ計略を以て敵を陷ゐれ若くば勝を取ること必ずしも悪からずといへども、其の計略なるものも兵法上の計略にして、苟も士として心に愧づるが如き卑怯陋劣なる振舞ひある事は斷じて許さゞる處なり、稽古を爲すにも正々堂堂敵に勝つ事を心掛けずして、初めより相手をだます、すかす、いつはる等の悪策詐謀をのみ用ゐんとするは尤も不可なる事なり、彼の碁を圍むものに付て見るに、初めより定石を守り定法によりて一歩一石敵を攻むれば勝を期せずして自然と勝つものなるに、若し定石によらず突飛なる無理を敷き定石にあらざる石を下し、相手の眼を眩まして奇利を博し奇功を奏せんと思へば、何時の間にやら自分の手許空虛となりて、敵を破らん破らんと思ふ中に却て敵に破らるゝものなり、劍道の理亦此の如し肝心の本心を忘れて手の先や竹刀の先を以て小刀細工的に相手をぺてんにかけんとするが如きは武士道の上より云ふも頗る不都合の次第にて、決して兵法の道理に叶ふものと云ふべからず、

水之卷

兵法二天一流ノ心、水ヲ本トシテ利方ノ法ヲ行フニヨリ之ヲ水ノ巻トシテ一流ノ太刀筋此書ニ書顯スモノナリ、此道何レモ細ヤカニ心ノ儘ニハ書分ガタシ、假令ヒ詞ハ續カズト云トモ理ハ自カラ聞ユベシ、此書ニ書ツケタル處一コト〱ニ一字々々ニシテ思案スベシ、大カタニ思ヒテハ道ノ違フ事多カルベシ、兵法ノ理ニオイテ一人ト一人トノ勝負ノヤウニ書付タル所ナリ共、萬人ト萬人トノ合戰ノ理ニ心得大イニ見立ルトコロ肝要ナリ、此道ニ限ツテ少シナリトモ道ヲ見違ヘ道ノ迷ヒアリテハ惡道ニオツル者ナリ、此書付バカリヲ見テハ兵法ノ道ニ及ビ難シ、此書ニ書付タルヲ我身ニ取リテノ書付ト心

得、見ルト思ハズ習フト思ハズ、贋物ニセズシテ即チ我劍ヨリ見出シタル理ニシテ常ニ其身ニナリテ能々工夫スベシ、

劍は一人の敵とは古來よく云ふ處なれども是は唯其物のみに付て云ふ事也、如何にも一人は千人に敵すべからず、千人は萬人に敵すべからずと云へども、是は畢竟極端の說のみ、劍道は決して一人の敵にはあらず、古人も一心以て萬法に應ずべしと云へり、苟も此心を以て劍を學ばゞ一人の敵は能く千萬人の敵と稱ずるも不可なし、魏の文益は一人にて敵の大兵を追ひ退ぞけ、張飛は當楊の長板坡にて唯一騎能く曹瞞の大軍を喰止めたり、我朝にても楠正成は數百の兵を以て東軍の五十萬を防ぎ、曾て一度も敗を取らざる例あり、文益も張飛も若敵兵一度にかゝらば勿論免るゝ事あるべからざるは明白の道理なれども、唯一人に遮ぎられて進んで一度にかゝらざる所是れ文益張飛が一心膽力の然らしむるところ、能く敵兵を壓伏するに依る、劍道も亦此の如く、一心の誠を鍛ひ、斯道の妙境に至れば眼中元より一も無く十も無く、

百千萬も無く、一身是れ膽、一劍是れ萬丈の鐵壁たるべし、去れば古哲も苟も浩然の氣を養へば天下に敵なしと云へるは此心なり、

一　兵法心持ノ事

是等ノ語能々心得ヘテ反覆玩味シテ味フベシ

兵法ノ道ニオイテ心ノ持樣ハ常ノ心ニカハル事ナカレ、常ニモ兵法ノ時ニモ少モカハラズシテ心ヲ廣ク直ニシ、キツクヒツパラズ少モタルマズ、心ノカタヨラヌヤウニ心ヲ直中ニ置テ心ヲ靜ニユルガセテ、其ユルギノ刹那モユルギヤマヌヤウニ能々吟味スベシ、靜ナルトキモ心ハ靜カナラズ、如何ニ疾キ時モ心ハ少モハヤカラズ、心ハ體ニツレズ體ハ心ニツレズ、心ニ用心シテ身ニハ用心ヲセズ、心ノ足ラヌコトナクシテ心ヲ少シモ餘ラセズ、上ノ心ハヨワクトモ底ノ心ヲツヨク、心ヲ人ニ見分ケラレザルヤウニシテ小身ナルモノハ心ニ

大イ成事ヲ殘ヲズ知リ、大身ナルモノハ心ニ小キコトヲヨク知リテ、大身モ小身モ心ヲ直ニシテ我身ノ贔負ヲセザル樣ニ心持ナ肝要ナリ、心ノウチ濁ヲズ廣クシテヒロキ處ヘ智惠ヲ置ベキナリ、智惠モ心モヒタト研クコト專ヲナリ、智惠ヲ磨ギ天下ノ理非ヲワキマヘ、物事ノ善惡ヲ知リ、萬ノ藝能其ノ道ニワタリ、世間ノ人ニ少シモダマサレザル樣ニシテ後兵法ノ智惠成ルナリ、兵法ノ智惠ニ於テ取分ケチガフ事アル物ナリ、戰ノ場萬事セワシキ時ナリトモ兵法ノ道理ヲ極メ動キナキ心能々吟味スベシ、

禪家に不動心の語あり、其は讀で字の如く心の動かざる事なり、世人多く心を動かさずと云ふ、然れども是は未だその妙境に至らざるが故なり、心を動かすまじと思ふ心やがて動かすなり、兵法の妙は動かさすにあらずして動かざるなり、同じ事のや

うなれども天地霄壌の相違と心得べし、宮本先生の本意二刀一流の至極全く此の一節に在り、先づ心の持やうを云ふて「常ノ心ニ變ル事無シ」と云ふもの一語斯道の骨髓を喝破せり、多くの劍術者は劍を取て敵に對する時は大概常の心と變はるものなり、其は第一負けまじと思ひ、第二勝たんと思ひ、第三適れ功名を爲さんと思ひ、第四衆人より譽められんと思ふなど平常の心持とは大に違ふなり、斯る心得にては到底斯道の奥妙には至り難し、斯く心の變はるは即ち心の動くにて未熟の證據なり然らば動かずと云ふて恰も頑石の如く少も活動せざるかと云ふに是れ大に然らず、心若し石の如く動かずんば果して何の役をか爲さんや、八面應酬とて八方に應じて活動し、右と云へば右、左と云へば左、上下四方に轉じて自由自在に動くこそ心の働きなり、故に動かずと云ふ事は頑石の如く土塊の如く働き無しと云ふ意にてはなし、平たく云へば轉倒せぬ事なり、更に分るやうに云へば如何なる場合にも周章ず、騷かず、悠々として餘裕あることなり、譬へば尙水の如し、水は平日風無き時は湛然として平靜に鏡の如くなれども、一朝風起りて水面を撲たんか、千波萬波洶湧踏踏として奔馬の如く活動止まざるなり、是れ水の水たる所以なり、古語には之を不動なるが故に動ならざる事無しとも、又無相なるが故に相ならざる事無しとも、或は實相即無相、動即不動とも、又た動に即して不動あり、實相に即して無相ありとも云へり「靜カナル時モ心ハ靜カナラズ如何ニ疾キ時モ心ハ少シモ疾カラズ」と先生の云はれたるは全く此の事なり、而して此の動即不動、實相即無相の妙境に至る事は唯一の誠のみ、心のまことなり、「心ヲ直中ニ置テ」と云ふもの此意を示すなり學者宜敷熟讀玩味して斯道の妙諦を覺るべし、

一兵法ノ身ナリノ事

身ノナリ、顏ハ俯《ウツ》ムカズ、仰ガズ、傾カズ、ヒズマズ、(ヒズムトハユガムコトナリ故ニヒズマズハユガマズナリ)目ヲ見出サズ、額ニ皺ヲヨセズ、眉間ニ皺ヲヨセテ目ノ玉ノ動カザルヤウニシテ、瞬キヲセズ、目ヲ少シスクメルヤウニシテウラヤカ

ニ見ル顔、鼻スジ直ニシテ、少シ頤《オトガヒ》ヲ出ス心ナリ、首ハ後ロノ筋ヲ直ニ頸《ウナジ》ニ力ヲ入テ兩ノ肩ヲサゲ、脊筋ヲロクニ(ロクハ正立ナリ)尻ヲイダサズ、膝ヨリ足ノ先マデ力ヲ入テ、腰ノ屈マザル樣ニ腹ヲハリ、楔ヲシムルト云テ脇差ノ鞘ニ腹ヲ持タセ、帶ノクツロガザルヤウニ爲ス可シト云フ教ヘアリ、總テ兵法ノ身ニオイテ、常ノ身ヲ兵法ノ身トシ兵法ノ身ヲ常ノ身トスルコト肝要ナリ、ヨク〳〵吟味スベシ、

一兵法ノ眼付ト云フ事

眼ノ付ケ樣ハ大キニ廣ク付ルナリ、觀見ノ二ツアリ、觀ノ目ツヨク、見ノ目ヨワク、遠キ所ヲ近ク見、近キ所ヲ遠ク見ルコト兵法ノ專ナリ、敵ノ太刀ヲ知リ、聊カ敵ノ太刀ヲ見ズト云事兵法ノ大事ナリ、工夫アルベシ、此眼付小サキ兵法ニモ大ナル兵法ニモ同ジ事ナリ、目

ノ玉動カズシテ兩脇ヲ見ルコト肝要ナリ、ケ樣ノ事急ガシキ時俄ニワキマヘガタシ、此書付ヲ覺エ常住此眼付ニナリテ、何事ニモ眼付ノカハラザル處能々吟味有ベキモノナリ

△太刀ハ如何ニシテ持ツ乎

一太刀ノ持樣ノ事

太刀ノ取樣ハ大ユビ人サシユビヲ浮ケル心ニモチ、丈高指ハシメズユルマズ、藥指小指ニテ十分シムル心ニシテ持ナリ、手ノ内ニハクツロギノ有ル事アシ、、太刀ヲ持ト云テ持タル心バカリニテハ惡シ敵ヲ切物ナリト思ヒテ太刀ヲ取ベシ、敵ヲ切時モ手ノ内ニ變リナク、手ノ悚《スク》マザルヤウニ持ベシ、若シ敵ノ太刀ヲハル事、受ル事、アタル事、オサユル事アリトモ、大ユビ人サシ指バカリヲ少シ變フル心ニテ兎ニモ角ニモ切ト思ヒテ太刀ヲ取ベシ、試《タメ》シモノナド切時ノ手

ノ内モ兵法ニテ切時ノ手ノ内モ、人ヲ切ルト云手ノ内ニ變ル事ナシ、總ジテ太刀ニテモ手ニテモイツクト云事ヲ嫌フ、イツクハ死ル手ナリ、イツカザルハ生ル手ナリ（イツクハ居付クニテ固着シテ働キナキノ意ナリ）、能ク心付ベキモノ也

△足ノ運ビヤウ如何

一足ヅカヒノ事

足ノハコビヤウノ事ハ爪先ヲ少シウケテ踵《キビス》ヲ强クフムベシ、足ノ使ヒヤウ時ニヨリテ大小遲速ハアリトモ常ニアユムガ如シ、足ニ飛足、浮足、フミスユル足（足ノ固着ヲ嫌フナリ）トテ是三ツ嫌フ足ナリ、此道ノ大事ニ陰陽ノ足ト云フコトアリ是レ肝要ナリ、陰陽ノ足トハ片足バカリ動カサヌ物ナリ、キル時、引時、受ル時マデモ陰陽トテ右左〳〵トフム足ナリ、返ス〴〵片足フムコトアルベカラズ、能々吟味スベキモノナリ

△五方ノ構ヘトハ何ゾヤ

一五方ノ構ノ事

五方ノ構《カマヘ》ハ上段中段下段、右ノ脇ニ構ル事、左ノ脇ニ構ユル事是レ五方ナリ、構五ツニ分ツト云ヘドモ皆人ヲ切ラン爲メナリ、身ノ構ヘ五ツヨリ外ハナシ、何レノ構ヘナリトモ構フルト思ハズシテ切ル事ナリト思フベシ、構ノ大小ハコトニヨリ利ニシタガフベシ、上中下ハ體ノカマヘナリ、兩脇ハユウノ構ナリ、(ユウハ用ナリ、働キノコトナリ)左右ノ構ハ上ノツマリテ脇一方ツマリタル所ナドノ構ヘナリ、右左ハ所ニヨリテ分別有リ、此道ノ大事ニ曰ク構ヘノキワマリハ中段ト心得ベシ、中段ハ構ヘノ本意ナリ、兵法大キニシテ見ヨ、中段ハ大將ノ坐ナリ、大將ニツイデハ後四段ノ構ナリ、能ク吟味スベシ

△太刀ハ

一太刀ノ道ト云フ事

如何ニシテ振ルベキ手

太刀ノ道ヲ知ルト云ハ常ニ我差ス刀ヲ指二ツニテ振ルトキモ、道筋ヨク知リテハ自由ニ振ルモノナリ、太刀ヲ早ク振ラントスルニヨッテ太刀ノ道逆フテ振リガタシ、太刀ハフリ能キ程ニ静ニフル心ナリ、或ハ扇或ハ小刀ナド使フヤウニ早ク振ラント思フ〆悪シ、其レハ小刀キザミト云フテ人ノ切レザルモノナリ、太刀ヲ提ゲテハアゲヨキ道ヘ上ゲ、横ニフリテハ横ニモドリヨキ道ヘモドシ、如何ニモ大キニ肱ヲ延ベテ強クフルコト是太刀ノ道ナリ、我ガ兵法ノ五ツノ表ヲ遣ヒ覚ユレバ太刀ノ道定リテ振リヨキ所ナリ、能々鍛練スベシ

△五ツノ表使ヒ分ケノ事 第一中段ノ構

一五ツノ表第一ノ次第ノ事

第一ノ構ハ中段ナリ、太刀先ヲ敵ノ顔ニ付テ敵ニ行逢フ時、敵ノ太刀打カクル時右ヘ太刀ヲハヅシテ乗リ、又敵打カヽル時切先返シニ

テ打オトシタル太刀其ノマヽオキ、又敵ノ打カヽル時下ヨリ敵ノ手ハル是レ第一ナリ、總別此五ツノ表書付バカリニテハ合點ナリガタシ、五ツノ表ノ分ハ手ニ取テ太刀ノ道稽古スル所ナリ、此五ツノ太刀筋ニテ我太刀ノ道ヲモ知リ、如何ヤウニモ敵ノ打太刀知ルヽトコロナリ、二刀ノ太刀ノ構ヘ五ツヨリ外ニアラズトスル所ナリ、吟味スベキナリ

第二上段ノ構

一表第二ノ次第ノ事

第二ノ太刀ハ上段ニ構ヘ、敵打カクル所一度ニ敵ヲ打ナリ、敵ヲ打ハヅシタル太刀其マヽ置テ、又敵ノウツ所ヲ下ヨリ搦ヒ上ゲテ打、今一ツウツモ同ジ事ナリ、此表ノ内ニ於テハ樣々ノ心持、イロ〳〵ノ拍子、此表ノ内ヲ以テ一流ノ鍛練ヲスレバ、五ツノ太刀ノ道コマヤ

カニ知テ如何ヤウニモ勝ツトコロ有リ、稽古スベキナリ

第三下段ノ構

一表第三ノ次第ノ事

第三ノ構、太刀ヲ下段ニ持チ提《ヒッ》サゲタル心ニテ敵ノ打カクル所ヲ下ヨリ手ヲ張ルナリ、手ヲ張ル處ヲ又敵其ノ張ル太刀ヲ打落サントスル所ヲ越ス拍子ニテ、敵打タル後二ノ腕ヲ横ニ切ル心ナリ、下段ニテ敵ノ打所ヲ一度ニ打トムル事ナリ、下段ノ構ヘヲ運ブニ早キ時モ遲キ時モ出合フモノナリ、太刀ヲ取テ鍛練アルベキナリ

第四左脇ノ構

一表第四ノ次第ノ事

第四ノ構、左ノ脇ニ横ニ構ヘテ敵ノ打カクル手ヲ下ヨリ張ルベシ、下ヨリ張ルヲ敵打落サントスル其ノ手ヲ張ル心ニテ、ソノ儘太刀ヲ受ケ我ガ肩ノ上ヨリ筋カヒニ切ルベシ、是太刀ノ道ナリ、又敵ノ打カ

カル時モ太刀ノ道ヲウケテ勝ツナリ、能ク吟味アルベシ

第五右脇ノ構

一表第五ノ次第ノ事

第五ノ次第太刀ノ構ヘ、我右ノ脇ニ横ニ構ヘテ敵打カヽル所ノ位ヲ受ケ、我太刀下ノ横ヨリ筋カヒニ上段ニ振上ゲ上ヨリ直ニ切ベシ、是モ太刀ノ道能クシラシメンタメナリ、此表ニテ振ツケヌレバ（フリ馴ルレバナリ）重キ太刀モ自由ニフヲルヽナリ、此五ノ表ニ於テ細カニ書付ルコト能ハズ、我家ノ太刀一通リノ道ヲ知リ、又大形拍子ヲモ覚エ、敵ノ太刀ヲ見分ル事、先此五ツニテ不斷手ヲカラス（カラスハ熟練スルナリ）處ナリ、敵ト戰フ中ニモ此太刀筋ヲカラシテ敵ノ心ヲ受ケ、イロ〳〵ノ拍子ニテ如何ヤウニモ勝ツ所ナリ、能々分別スベシ

△有構無構

一有構無構ノ教ヘノ事

有構無構ト云フハ元來太刀ヲ構フルトイフ事アルベキ事ニアラズ、然ドモ五方ニ置事アレバ構ヘトモ成ベシ、太刀ハ敵ノ縁ニヨリ所ニヨリ形氣ニ隨ヒ、何レノ方ニオキタリトモ其敵切ヨキ樣ニ持心ナリ、上段モ時ニ從ヒ少シ下ル心ナレバ中段トナリ、中段モヲリニヨリ少シ上レバ上段トナル、下段モ折ニフレ少シ上レバ中段トナル、兩脇ノカマヘモ位ニヨリ少シ中ヘ出セバ中段下段トモナル心ナリ、然ルニヨッテ構ハアリテ構ハナキトイフ理ナリ、先ヅ太刀ヲ取テハ何レニシテナリトモ敵ヲ切ト云フ心ナリ、若シ敵ノキル太刀ヲ受ル、張ル當ル、ネバル、サハルナド云フ事アレドモミナ敵ヲ切ル縁ナリト心得ベシ、受ルト思ヒ、張ルト思ヒ、當ルト思ヒ、ネバルト思ヒ、サハルト思フニヨッテ切ル事不足ナルベシ、何事モ切ル縁ト思フ事肝要

ナリ、能々吟味スベシ、兵法大キニシテ人數立ト云フモ皆合戰ニ勝ツ緣ナリ、能々工夫スベシ

是れ亦前に見れたる實相無相の意なり、凡そ劍道に限らず心一方に固着して自由の境を缺く時は其妙に至り難きものなり、左れば太刀の構へと云ふも是れ畢竟一應の事なり、上段も少しく下れば中段となるなるべく、中段も少し下れば下段となる、其の上中下の段は一に敵の模樣如何によりて活動するものなれば、變化縱橫應用無碍なるもの卽ち劍道の要なり、詰るところは相手を斃すに在り、彼と云ひ是と云ふも敵に勝んための用意に外ならざれば、一概に法に拘泥すべからずと云へども同時に亦法を捨つべからず

一敵ヲ打ニ一拍子ノ打ノ事

敵ヲ打拍子ニ一拍子ト云ヒテ敵ニアタル程ノ位ヲ得テ、敵ノワキマヘヌ內ニ心ニ得テ我身モウゴカサズ、心モ付ズ、如何ニモ早ク直ニ打

拍子ナリ、敵ノ太刀ヒカン、ハヅサン、ウタント思フ心ノナキ内ヲ打拍子是レ一拍子ナリ、此拍子能ク習ヒ得テ間ノ拍子ヲ早ク打事鍛練スベシ

此一拍子に打と云ふ事劍道の要訣と知るべし、一拍子とは平たく云へば唯一擊に當の敵を斃すを云ふ、所謂電光石火の一瞬間に目的を達するなり、獅子の獸を摸つや全力を雙の前足に籠め、飛躍一番唯一擊にして斃すを常とす、先生の最も得意とするところは此に在り、其の岸流と立合ひ吉岡と戰ひ又有間喜兵衞と勝負を決するを見るに、何れの場合も數合打合ひたる事曾て無く、何時も初度の一刀に勝敗を決するなり、其の早術實に目にも止まらぬ位ゐなるが、是れ先生の一拍子の術より得來りたるものなり、何事によらず事に臨みて逡巡するは男子の屑しとせざる所、況や劍道は生死の境ひなれば固より尋常遊戲の事にあらず、我勝つか然らざれば負けざるべからず、生くるか死するかの間に在り、何の遑ありて悠々緩々たるを得んや、

一身の力を一時に籠め、吐嗟の一喝に一刀兩斷の目的を達するを肝要と爲すなり

一二ノ越シノ拍子ノ事

二ノ越ノ拍子、我打タントスルトキ敵早ク引キ、早ク張リ退ルヤウナル時ハ、我打ツト見セテ敵ノ張手タルム處ヲ打チ、引テタルム處ヲ打ツ、是二ノ越ノ打ナリ、此書付バカリニテハ中々打得ガタカルベシ、教ヘ受ケテハ忽チ合點ノユク處ナリ

△無念無想ノ打

一無念無想ノ打ト云フ事

敵モ打出サントシ我モ打出サント思フ時、身モ打身ニナリ心モ打心ニナツテ、手ハ何時トナク空《クウ》ニナリ、唯心ノ命ズルマヽ知ラズ知ラズ打事、是レ無念無想トテ一大事ノ折ナリ、此打度々出合フ打ナリ、能々習ヒ得テ鍛練有ベキ儀ナリ

一流水ノ打ト云フ事

流水ノ打ト云フハ敵合ニナリテ競《セリ》合フ時、敵早クヒカン、早クハヅサン、早ク太刀ヲハリノケントスル時、我身モ心モ大キニナッテ、太刀ヲ我身ノ後ヨリ如何程モユル〱トヨドミノ有ヤウニ大キニツヨク打事ナリ、此打習ヒ得テハ慥ニ打ヨキモノナリ、敵ノ位ヲ見分クルコト肝要ナリ

一縁ノアタリト云フ事

我打出ス時敵打留メン、ハリノケントスル時、我打一ツニシテアタマヲモ打ケ、手ヲモ打、足ヲモ打ツ、太刀ノ道一ツヲ以テ何レナリトモ打所是縁ノ打ナリ、此打能ク打ナラフベシ、何時モ出合フ打ナリ、細ク打合テ分別アルベキ事ナリ

一石火ノ當リト云フ事

石火ノ當リハ敵ノ太刀ト我太刀ト着合ウホドニテ、我太刀少シモ上ゲズシテ如何ニモ强ク打ナリ、是ハ足モツヨク、身モツヨク、手モツヨク、三所ヲモツテ早ク打ベキナリ、此打度々打習ハズシテハ打ガタシ、ヨク〳〵鍛練スレバツヨク當ルモノナリ

一紅葉ノ打ト云フ事

紅葉ノ打、敵ノ太刀ヲ打落シ太刀トリハナス心ナリ、敵前ニ太刀ヲ構ヘ、打ン、ハラン、受ケント思フ時、我打心ハ無念無想ノ打ニテモ又石火ノ打ニテモ、敵ノ太刀ヲツヨク打チ、其儘後ヲハネル心ニテ切先下リニ打テバ敵ノ太刀必落ルモノナリ、此打鍛練スレバ打オトスコトヤスシ、能々稽古アルベシ

一太刀ニ代ハル身ト云フ事

身ニ代ハル太刀トモ云ベシ、總テ敵ヲ打ニ太刀モ身モ一度ニハ打ザルモノナリ、敵ノ打ツ緣ニヨリ身ヲバ先ニ打身ニナリ、太刀ハ身ニ介意《カマ》ワズ打トコロナリ、若クハ身ハ搖《ユ》ルガズ太刀ニテ打事アレドモ、大カタハ身ヲ先ヘ打ヲ太刀ヲ後ヨリ打モノナリ、ヨク／＼吟味シテ打習フベシ

一打ト當ルト云フ事

打ト云フ事當ルト云フ事二ツナリ、打ト云フ心ハ何レノ打ニテモ重ク受テ慥ニ打ナリ、當ルハ行當ル程ノ心ニテ强ク當リ忽チ敵ノ死スル程ニテモ是ハアタルナリ、打ト云フハ心得テ打トコロナリ、吟味スベシ、敵ノ手ニテモ足ニテモ當ルト云フハ先ヅ當ルナリ、當リテ

後ヲ強ク打ン爲メナリ、當ルハサワル程ノ心、能ク習ヒ得テハ各別ノ事ナリ、工夫スベシ

一シユウコウノ身ト云フ事

卽チ秋猴《シウコウ》ノ身ナリ、秋猴ノ身トハ、手ヲイダサヌ心ナリ、敵ヘ入身ニナリテ少シモ手ヲ出サヌ心ナリ、敵ノ打前身ヲ早ク入ル心ナリ、手ヲ出サムト思ヘバ必ズ身ハ遠クノクモノナルニヨッテ、總身ヲ早クウツリ入ル心ナリ、手ニテ受合ヒスル程ノ間ニハ身モ入ヤスキモノナリ、能々吟味スベシ

一シツカウノ入身ト云フ事

漆膠ナリ、此ノ入身ハ敵ノ身ニ我身能クツキテハナレヌ心ナリ、敵ノ身ニ入ル時カシラヲモ付、身ヲモ付、足ヲモ付、ツヨク付ク所ナリ

人毎ニ顔足ハハヤク入レドモ身ノ退クモノナリ、敵ノ身ヘ我身ヲヨクツケ、少シモ身ノ間ノナキヤウニ着クモノナリ、能々吟味有ベシ

一タケクラベト云フ事

タケクラベハ丈《タケ》クラベナリ、身ノ丈ヲ比ブル心ナリ、敵ヘ入コム時、我身ノ縮《チヾ》マザルヤウニシテ足ヲモノベ、腰ヲモノベ、頭ヲモノベテ強クイル、敵ノ顔ト顔トナラベ、身ノタケヲクラブルニ比ベカツト思フ程ニ丈高クナツテツヨク入ルトコロ肝要ナリ、能々工夫アルベシ

一ネバリヲカクルト云フ事

粘《ネバリ》ヲカクルナリ、敵モ打カケ我モ太刀ヲ打カクルニ、敵受クル時我太刀敵ノ太刀ニ付テネバル心ニシテ入也、ネバルハ我太刀敵ノ太刀ト離レガタキ心、餘リ強クナキ心ニ入ベシ、敵ノ太刀ニ付テネバリヲカ

ケ入ル時ハ、イカホド静ニ入テモ苦シカラズ、ネバルト云フ事ト、モツル、ト云フ事、ネバルハツヨシ、モツル、ハヨワシ、此事分別アルベシ

一身ノアタリト云フ事

身ノアタリハ敵ノキワヘ入込テ身ニテ敵ニアタル心ナリ、少シ我顔ヲソバメ、我左ノ肩ヲ出シ敵ノムネニアタルナリ、我身ヲイカホドモツヨクアタル事、行合フ拍子ニテハズム心ニ入ベシ、此入ル事入リ習ヒ得テハ敵二間モ三間モハネノクルホド強キモノナリ、敵死入ルホドモアタルナリ、ヨク〳〵鍛練アルベシ

一三ツノ受ケノ事

三ツノ受ケト云フハ敵ヘ入込時、敵ノ打出ス太刀ヲ受ルニ我太刀ニ

テ敵ノ目ヲ突クヤウニシテ、敵ノ太刀ヲ我右ノカタヘ引ナガシテ受ル事、又ツキ受ト云フテ敵打太刀ヲ敵ノ右ノ目ヲ突クヤウニシテ首《クビ》ヲハサム心ニツキカケテ受ル處、又敵ノ打時ミジカキ太刀ニテ入ルニ、受ル太刀ハサノミカマハズ、我左ノ手ニテ敵ノツラヲ突クヤウニシテ入込ム、是三ツノ受ナリ、左ノ手ヲニギリテ拳子《コブシ》ニテ面《ツラ》ヲ突クヤウニ思フベシ、ヨク〳〵鍛練有ベキ者ナリ

一オモテヲサスト云フ事

オモテハ面ナリ、面ヲサスト云ハ、敵ト立合ニナリテ敵ノ太刀ト我太刀ノ間ニ敵ノ顔ヲ我太刀先ニテツク心ナリ、敵ノ顔ヲツク心アレバ敵ノ身乗ル者ナリ、敵ヲ乗ヲスルヤウニスレバイロ〳〵勝ツ所ノ利アリ、能々工夫スベシ、戰ノウチニ敵ノ身乗ル心アリテハ早ヤ勝ツ所

ナリ、ソレニ依テ面ヲサスト云フ事忘ルベカラズ、兵法稽古ノウチニ此理鍛練アルベキモノナリ

一心ヲサスト云フ事

心ヲサスト云フハ戰ノウチニ、上ツマリ脇ツマリタル所ナドニテ切ル事入ルコトモ成ガタキ時、敵ヲツク事敵ノ打太刀ヲハズス心ハ、我太刀ノムネヲ直ニ敵ニ見セテ、太刀先ユガマザルヤウニ引取ツテ敵ノムネヲツク事ナリ、若シ我クタビレタル時カ、又刀ノキレザル時ナドニ此儀專ヲ用ヰル心ナリ、能々分別スベシ

一喝咄ト云フ事

喝咄ト云フハ何レモ我打カケ敵ヲ追込ム時、敵マタ打カヘスヤウナル時、下ヨリ敵ヲ突クヤウニ上ゲテ返ヘシニテ打事、何レモ早キ拍

子ヲ以テ喝咄ト打、喝トツキアゲ咄ト打心ナリ、此拍子何時モ打合ノウチニハ專ヲ出合フ事ナリ、喝咄ノ仕樣、切先アグル心ニテ敵ヲ突クト思ヒアグルト一度ニ打拍子、ヨク／＼稽古シテ吟味アルベキ事ナリ

一ハリ受ト云フ事

ハリ受ト云フハ敵ト打合時トタン／＼ト云フ拍子ニナルニ、敵ノ打所ヲ我太刀ニテハリ合セ打ナリ、ハリ合スル心ハサノミキツクハルニアラズ、又受ルニアラズ、敵ノ打太刀ニ應ジテ打太刀ヲハリテ、ハルヨリハヤク敵ヲ打ツ事ナリ、ハルニテ先ヲトリ、打ニテ先ヲトル所肝要ナリ、ハル拍子能ク合ヘバ敵何ト強ク打テモ、少シハル心アレバ太刀先モ落ルコトニアラズ、ヨク習ヒ得テ吟味アルベシ

△一身大敵ト戰フハ如何ニシテ宜敷カ

一多敵ノ位ノ事

多敵ノクラ井ト云フハ一身ニシテ多勢ト々、カフ時ノ事ナリ、我ガ刀脇差ヲヌキテ左右ヘヒロク太刀ヲ横ニ捨テ構ユルナリ、敵ハ四方ヨリカヽルトモ一方ヘ追ヒ廻ス心ナリ、敵カヽル位井前後ヲ見分テ先ヘ進ムモノニハヤク行合ヒ、大キニ目ヲツケテ敵打出ス位ヲ得テ、右ノ太刀モ左ノ太刀モ一度ニフリチガヘテ、行ク太刀ニテ前ノ敵ヲ切リ、戻ル太刀ニテ脇ニスヽム敵ヲ切ル心ナリ、太刀ヲフリチガヘテマツコト惡シ、早ク兩脇ノ位ニ構ヘ敵ノ出タル所ヲツヨク切込ミ追ヒクヅシテ、其儘又タ敵ノ出タル方ヘカヽリフリクヅス心ナリ、如何ニモシテ敵ヲヒトヘニウヲツナギニ追ヒナス心ニシカケテ（ウヲツナギハ魚ツナギノ意ナリト知ルベシ）敵ノ重ナルヲ見テハ其マヽ間ヲスカサズツヨク拂ヒ込ムベシ、敵アヒコム所ヒタト追ヒ廻ハシヌレバ挑行キガタシ、又敵ノ出ルカタ〳〵ト思ヘバ待ツ心アリテハカユキガタシ、敵ノ拍子ヲ受テクヅル、處ヲ知リテ勝ツ事ナリ、ヲリ〳〵アヒテヲアマタヨセ追込ミツケテ其心ヲ得レバ一人ノ敵モ十人二十人ノ敵モ心ヤスキ事ナリ、能稽古シテ吟味アルベキナリ

凡そ劍を以て一人の敵とし、唯一人と一人と相對のみの術ならば何ぞ貴ぶに足らん・人を以て萬人の衆に敵する事は理論としては兎に角、實際にはあり得べからざる事なり、左れば胸に千鈞を擧げ、武力を以ては萬軍の上に秀でたりし項羽の勇も、遂に韓信が十面埋伏の爲めには力盡き術窮して烏江の露と消ゑたり、去れば一劍を以て千萬人に敵せん事は事實叶ふべくもあらずと云へ共、唯一人のみを相手とするの術ならば頗る物足らざるなり、セメテは十人百人の敵には當り得る丈の手段を取らざる可らず、岩見十太郎は一人にして能く數十人の敵を斃して復讐の目的を達し、先

生は一人にて吉岡の數十人を相手として、何の苦も無く勝利を得たり、之に由て見るに、縱令千萬人には敵せずとも、能く劍道に熟して、一念不動の妙境に至れば、十人百人の敵に向けん事は、少も恐るゝ事ある可らず、而も其れには其れだけの術無るべからず、血氣の勇にはやり、無考へにて敵中に飛込みなば、所詮勝利は覺束なし、是れ先生が、特に此の一節の説明を煩はされたる所以なり、讀者能く心を用ゐて、此の文意を研究せば、大に得るところあるべし

又曰く、小勢を以て大敵に當るの法、一人も千人も同じ事なり、上杉謙信は能く此手段を活用せるものと云ふべし、謙信、八千の手兵を提げて、關八州を蹂躪するや、電馳奔撃恰も猛虎の群羊を驅るが如し、一人として面を向くるものあらず、而して常に此の小勢を以て、北條、武田の數萬の大軍と戰ひ一度も敗を取らず、其の兵法他なし、全力を一方に集注して、先づ敵の一角を斬崩し、勢ひに乘じて追廻はし、更に敵の混亂に付入り、吐唾の間に、遂に全軍を敗るに在り、此法此に云ふところと符合せ

り「一人ノ敵モ十人二十人ノ敵モ心ヤスキ」と云ふもの誣言にあらざるを知るべし

一打アヒノ利ノ事

此打合ノ利ト云フ事ニテ兵法太刀ニテノ勝利ヲワキマユル所ナリコマヤカニ書シルシガタシ、ヨク稽古アツテ勝ツ所ヲシルベキモノナリ、大カタ兵法ノ實ノ道ヲ現ハス太刀ナリ、口傳アリ

一一ツノ打ト云フ事

此一ツノ打ト云フ心ヲ以テ慥ニ勝ツ所ヲ得ル事ナリ、兵法ヨクマナバザレバ心得ガタシ、此儀能鍛練スレバ兵法ノ心ノ自由ニナツテ思ウマヽニ勝ツ道ナリ、ヨク〳〵稽古スベシ

一直通ノ位トイフ事

直通ノ心二刀一流ノ實ノ道ヲ受テ傳ユル所ナリ、能々鍛練シテ此兵

法ニ身ヲナス事肝要ナリ、口傳アリ
右書付ル所一流ノ劍術大形此卷ニ記シ置ク事ナリ、兵法太刀ヲ取テ人ニ勝ツ所ヲ覺ユルハ先ヅ五ツノ表ヲ以テ五法ノ構ヲ知リ、太刀ノ道ヲ覺エテ總體ヤワヲカニナリ心ノキヽ出テ道ノ拍子ヲシリ、自然ト太刀モ手サヘテ身モ足モ心ノ儘ニホドケタル時ニ隨ヒ、一人ニ勝チ二人ニ勝チ、兵法ノ善惡ヲ知ル程ニ成リ、此一書ノウチヲ一ヶ條一ヶ條ト稽古シテ敵ト戰ヒ次第々々ニ道ノ利ヲ得テ、絶エズ心ニカケ急ガズ心ナクシテ折々手ニフレテハ德ヲ覺エ、何レノ人トモ打アヒ、其心ヲ知テ千里ノ道モ一足ヅヽハコブナリ、ユル〳〵ト思ヒ此ノ法ヲ行フ事武士ノ役ナリト心得テ、今日ハ昨日ノ我ニ勝チ、アスハ下手ニ勝チ、後ハ上手ニ勝ツト思ヒ、此書物ノゴトクニシテ少モ脇ノ道ヘ心ノユカザルヤウニ思ウベシ、縱令何程ノ敵ニ打勝テモ習ヒニツムクコトニ於テハ誠ノ道ニハ有ベカラズ、此理心ニ浮ミテハ一身ヲ以テ數十人ニモ勝ツ心ノワキマヘ有ベシ、然ル上ハ劍術ノ智力ニテ大分一分ノ兵法ヲモ得道スベシ、千日ノ稽古ヲ鍛トシ萬日ノ稽古ヲ練トス、能ク〳〵吟味アルベキモノナリ

凡そ是等の文意を玩味して、武藏先生の人物を想ひ見るべし、其の云ふところ、諄諄として、俗に云ふ、嚙んで哺めるが如し

思ふに、先生十二三歲の時より、劍道に意を寄せ、五十餘歲に至る迄、天下を周遊して道を求め業を硏き、尙心に飽たらざるところあり、心歲と共に熟して圓滿溫厚、所謂其人溫然として玉の如くなりたるもの歟、況や心に期するところあり、肥の岩戶山に籠りて、神佛の加被を念じ、以て此の書を著はして後世に傳ふ、其意毫も名利を求むるにあらず、名聞を貪るにあらず、誠心誠意、斯道の爲めに範を後代に垂れ、道を天

下に弘めんとするに外ならず、故に、初めより文章修辭に意なく、恰も門弟子に對して、口傳面授すると同じく、諄々として倦まず、實に親切丁寧を極めたり

二刀一流の極意は、五法の中、此の一節水の巻に盡きたり、而して肝要は、亦此の一節に在り「惣體柔カナル心ノキ、出テ道ノ拍子ヲ知リ自然ト手モサヘ」云々と云ひ「假令何程ノ敵ニ勝ツトモ習ヒニ背クコトニ於テハ誠ノ道ニ有ラズ」と云ふ如きは以て一流の本意、何れの邊に在るかを知るべし、水は平靜にして、變化無きに似たれども、一朝風あれば千波萬波隨て起り、高低起伏變化計るべからさるが如し、是れ水の德なり、五法の中、第一地の巻に於て、大體の土臺を築きたる上は、此の水の巻に於て縱橫變化の理を盡し、一劍以て萬變に應ずるの術を研究すべし、而して其根本は誠の一字に在り、直の一字に在り、學者枝末に拘はりて、肝心の根本を忘るべからず

○火ノ巻

二刀一流ノ兵法、戰ノ事ヲ火ニ思ヒ取テ戰フ、勝負ノ事ヲ火ノ巻トシ

テ此卷ニ書顯スナリ、先ヅ世間ノ人每ニ兵法ノ理ヲ小サク思ヒナシテ、或ハ指先ニテ手首五寸三寸ノ利ヲシリ、或ハ扇ヲ取テ肱ヨリ先ノ先後ノ勝ヲ辨ヘ、又ハ竹刀ナドニテ僅カノ早キ利ヲ覺エ、手ヲキカセ習ヒ、足ヲキカセ習ヒ少シノ利ノ早キ所ヲ專ラトスル事ナリ、我兵法ニ於テ數度ノ勝負ニ一命ヲカケテ打合ヒ、生死二ツノ理ヲ分ケ刀ノ道ヲ覺エ、敵ノ打太刀ノ强弱ヲ知リ、刀ノ刃胸《ハムネ》ノ道ヲワキマヘ、敵ヲ打果ス所ノ鍛練ヲ得ルニ、小サキ事弱キ事思ヒヨラザル所ナリ、コトニ六具固メテナドノ利ニ小サキ事思ヒ出ルコトニアラズ、サレバ命ヲハカリノ打アヒニ於テ一人シテ五人十人トモ戰ヒ、其勝ツ道ヲタシカニミルコト我道ノ兵法ナリ、然ルニヨツテ一人シテ十人ニカチ、千人ヲ以テ萬人ニ勝ツ道理何ノ差別アランヤ、ヨク〳〵吟味アルベシ、去ナガラ常々ノ稽古ノトキ千人萬人ヲアツメテ此道爲習フ事ナル事ニアラズ、獨リ太刀ヲトツテモ其敵々ノ智略ヲハカリ、敵ノ強弱手タテヲ知リ、兵法ノ智德ヲ以テ萬人ニ勝ツ所ヲ極メ、此道ノ達者トナリ、我兵法ノ直道世界ニ於テ誰カ得ン、又ハ何レカ極メムト慥ニ思ヒ取テ、朝鍛夕練シテ硏キヲホセテ後獨リ自由ヲ得、オノヅカラ奇特ヲ得、通力不思議有ルトコロ是レ兵トシテ法ヲ行フ息ナリ

一場ノ次第ト云フ事

場ノ位ヲ見分クル所、場ニオイテ日ヲ負ウト云フ事有リ、日ヲ後方《ウシロ》ニナシテ構フルナリ、若シ所ニヨリ日ヲ後方ニスルコトナラザルトキハ、右ノ脇ヘ日ヲナスヤウニスベシ、座敷ニテモアカリヲウシロ

右脇トナスコト同前ナリ、後方《ウシロ》ノ場ツマラザルヤウニ左ノ場ヲクツロゲ、右ノ脇ノ場ヲツメテ構ヘタキ事ナリ、夜ニテモ敵ノ見ユル所ニテハ、火ヲ後方ニ負ヒ、アカリヲ右脇ニスルコト同前ト心得テ構ユベキモノナリ、敵ヲ瞰下《ミオロ》スト云フテ少シモ高キ所ニカマユル樣ニ心得ベシ、座敷ニテハ上座ヲ高キ所ト思フベシ、拟戰ニナリテ敵ヲ追マワスコト我左ノ方ヘ追廻ス心、難所ヲ敵ノ後ロニサセ、何レニテモ難所ヘ追掛ルコト肝要ナリ、難所ニテ敵ニ場ヲ見セズト云ヒテ、敵ニ顏ヲフラセズ油斷ナクセリツムル心ナリ、座敷ニテモ敷居、鴨居、戸障子、椽ナド、又柱ナドノ方ヘ追詰ムルニテモ、場ヲ見セズト云フコト同前ナリ、何レモ敵ヲ追カクル方足場ノワルキ所、又ハ脇ニ構ヒノ有ル所、何レモ場ノ得ヲ用ヰテ、場ノ勝ヲウルトイフ心專ニシ

テ、能ク〳〵吟味シテ鍛練アルベキモノナリ、
兵法ノ道ヲ行フモノハ、常ニ其道ニ心ヲツケテ、座敷ニ居テモ其座ノ損得ヲ知リ、座ノ道具ニ付ケテモ其利ヲ得、又外面ニテモ山ヲ見テ、其山ノ利ヲ知リ、川ヲ見テハ其德ヲ覺エ、沼フケ(フケハ深田ノコトナリ)マデモ兵法ノ利ヲ受ル心肝要ナリ

△機先ヲ制スルハ兵家ノ要訣ナリ

一三ツノ先ト云フ事

三ツノ先、一ツハ我方ヨリ敵ヘ掛ル先、之ヲケンノ先ト云フナリ、(ケンハ懸ナリ)又一ツハ敵ヨリ我方ニカヽル時ノ先、是ハタイノ先ト云フナリ、(タイハ待ナリ)又一ツハ我モカヽリ敵モカヽリ合フ時ノ先、體々ノ先ト云フ是三ツノ先ナリ、何レノ戰初メニモ此三ツノ先ヨリ外ハナシ、先ノ次第ヲ以テハヤ勝事ヲ得ルモノナレバ、先ト云フ事兵法ノ第一

ナリ、此先ノ仔細樣々アリトイヘドモ、其時ノ理ヲ利トシ、敵ノ心ヲ見、我兵法ノ智惠ヲ以テ勝事ナレバ、細ヤカニ書分ル事ニアラズ、第一懸ノ先、我カヽラント思フ時靜ニシテ居リ、俄カニ早クカヽル先、上ヲ强ク早クシ、底ヲノコス心ノ先、又我心ヲ如何ニ强クシテ、足ハ常ノ足ニ少シ早ク敵ノキワヘ寄ルト早ク揉ミ立ツル先、又心ヲハナツテ、初中後同ジ事ニ敵ヲ挫グ心ニテ、底マデツヨキ心ニ勝、是レ何レモ懸ノ先ナリ

第二待《タイ》ノ先、敵我方ヘカヽリクル時、少モ介意《カマワ》ズ弱キヤウニ見セテ、敵ヲカクナリテツント强クハナレテ飛ツクヤウニ見セテ、敵ノタルミヲ見テ、直ニツヨク勝ツ事、コレ一ツノ先、又敵カヽリ來ル時、我モナホ强クナツテ出ル時、敵ノカヽル拍子ノカハル間ヲ受ケ、ソノマヽ

勝ヲ得ル事是待ノ先ノ利ナリ

第三體々ノ先、敵早クカヽルニハ我靜ニツヨクカヽリ、敵近クナリテツント思ヒ切ル身ニシテ敵ノ餘裕《ユトリ》ノ見ユル時、直ニツヨク勝ツ、又敵靜ニカヽル時、我身浮キヤカニ少シ早クカヽリテ、敵近クナリテ一揉ミ揉ミ、敵ノ色ニシタガヒ、强ク勝ツ事是體々ノ先ナリ、此儀コマカニ書分ケガタシ、此書付ヲ以テ大略《ナホカタ》工夫アルベシ、此三ツノ先《セン》、時ニシタガヒ理ニシタガヒ、何時ニテモ我方ヨリカヽル事ニハアラザレドモ、同ジクハ我方ヨリ計リテ敵ヲ廻ハシタキ事ナリ、イヅレモ先《ン》ノ事兵法ノ智力ヲ以テ勝ツ事ヲ得ル心、ヨク〳〵鍛練アルベシ

本書中、先《セン》を取ること、先《セン》をかくる事に付て處々に說かれたり、是れ兵法の肝要にして、先生の最も意を用ゐられたるところなり、凡そ兵法に限らず、先を取ること甚だ

大切なり、之を碁に譬へんに、上手は常に先を取るなり、一目にても先を取る時は其一目終局迄付きまとふて、如何にしても離れざるなり、下手は先を取ること能はずして敗るゝものなり、殊に剣道に於ては、先を取ること極めて必要なるが、其先をかくるとは、詰り機先を制することなり、古人も先んずる時は人を制し、後るゝ時は人に制せらる、と云へるは全く此の道理なり、武蔵先生の勝負を決するを見るに、常に機先を制して勝を取るが如し、吉岡との戰ひと云ひ、岸流との試合と云ひ、何れも此の先をかけたるなり、而して其の先のかけ工合に付ては、本書に委敷陳べ顯はされたる通りなれば、能く〳〵研究すべき事なり、先を取らんと思へば、我心一方に固着して居りては、到底働くべからず、故に我本心は常に、泰然自若として冷靜に、能く心眼を以て敵の動靜を見、苟も機の乘ずべき際あらば、少しも猶豫せず、電光石火の如く、吐嗟に打込むなり、古人の所謂、能く動くものは能く靜かに、能く靜かなるものは能く動くの眞理を悟了すべきなり、謙信、秀吉の兵を用ふる、多く此法に據れり、以て

一 枕ヲオサユルト云フ事

枕ヲオサユルトハ、頭ヲアゲサセズト云心ナリ、兵法勝負ノ道ニ限ッテ人ニ我身ヲマワサシテ跡ニツク事惡シ、イカニモシテ敵ヲ自由ニマワシタキ事ナリ、然ルニヨッテ敵モ左樣ニ思ヒ我モ其心アレドモ、人ノスルコトヲウケガハズシテハ叶ヒガタシ、兵法ニ敵ノ打トコロヲ止メ、ツクトコロヲ抑ヘ、フム所ヲモギハナシナドスル事ナリ、枕ヲ抑ユルト云フハ我ガ實ノ道ヲ得テ敵ニカヽリ合フ時．敵何事ニテモ思フキザシヲセヌ内ニ我是ヲ知リテ、敵ノウツト云フ其ノウノ字ノ頭ヲ抑ヘテ、後ヲサセザル心、是枕ヲ抑ユル心ナリ、縱令ヘバ敵ノカヽルト云フカノ字ヲ抑ヘ、トブト云フトノ字ノ頭ヲ抑ヘ、キルト云フキノ字ノ頭ヲ抑フル、ミナ以テ同ジ心ナリ、敵我ニワザヲナス事ニ付テ、役ニ立ザル事ヲバ敵ニ任セ、役ニタツホドノ事ヲバオサヘテ敵ニサセヌヤウニスル所兵法ノ專ナリ、是モ敵ノスルコトヲオサエン〳〵トスル心後手《ゴテ》ナリ、先我ハ何事ニテモ道ニ任セテワザヲナスウチニ、敵モワザヲセント思フ頭ヲ抑ヘテ、何事モ役ニタヽセズ、敵ヲコナス（コナスハ自由ニ敵ヲ引廻ハスナリ）所、是兵法ノ達者、鍛練ノ故ナリ、枕ヲ抑フル事能ク〳〵吟味有ベキナリ

「人ニ我身ヲマワサレ」と云ひ又「敵ヲコナス」と云ふ事肝要なり、能く〳〵研究すべし、マハサレルと云ふは、俗に引廻はすなど云ふて、自由にさるゝ事なり、コナスも同様の意にて、隨意に卽ち心の思ふまゝにする事なり、他人を我思ふまゝに扱ひてなすと云ふは、非常に困難の事の如くなれども、決して然らず、何事によらず下手が

上手にかゝれば、自由自在にてなさるゝなり、幕下の相撲が、幕内の相撲に向へば自由にさるゝ如く、一段違へば仕方の無きものなり、剣道も亦此の如く、敵を自由に扱ふやうになれば、勝たずと云ふ事あるべからず、而して敵を自由に扱ふこと、第一其機を察すると云ふ事を知らざるべからず、此に枕を抑ふると云ふは、其の機を察し、機の出ばなを抑さへて、働かさぬやうにする事なり、左ればとて、又初めより抑さへん〳〵と其ればかり心にかくるも悪し、詰るところ、冷静なる本心の活動力に待つべき事なり

一渡《ト》ヲ越スト云フ事

渡ヲ越スト云フハ、縦令バ海ヲ渡ルニ瀬渡《セト》ト云所モアリ、又ハ四十里五十里ト云フ長キ海ヲ越スヲモ渡リト云ナリ、人間ノ世ヲ渡ルニモ、一代ノウチニハ、渡ヲ越スト云フ所多カルベシ、船路ニシテ其渡ノ處ヲ知リ、船ノ位ヲ知リ、或ハ開キノ風ニタヨリ、或ハ追風《オヒテ》ヲモ受ケ、若

シ風變リテモ二里三里ハ艪《ロ》櫂《カイ》ヲ以テモ湊ニツクト心得テ、船ヲ乘取リ渡ヲ越スコトナリ、其心ヲ得テ、人ノ世ヲ渡ルニモ一大事ニカケテ渡ヲ越スト思フ心アルベシ、兵法戰ノウチニモ、渡ヲ越スコト肝要ナリ、敵ノ位ヲウケ、我ガ身ノ達者ヲ覺エ、其理ヲ以テ渡ヲ越スコトヨキ船頭ノ、海路ヲ越スニ同ジ、渡ヲ越テハ又心ヤスキ所ナリ、渡ヲ越ト云フ事、敵ニヨワミヲ着ケ、我身先ニナリテ大形早ヤ勝所ナリ、大小ノ兵法ノ上ニモ、渡ヲ越スト云フ心肝要ナリ、能々吟味アルベシ

一景氣ヲ知ルト云フ事

景氣ヲ見ルト云ハ、大分ノ兵法ニシテハ、敵ノ榮エ衰ヘヲ知リ（盛衰ヲ知ルナリ）相手ノ人數ノ心ヲ知リ、其場ノ位ヲウケ、敵ノ景氣ヲ能ク見分ケ、我人數何ト仕カケ、此兵法ノ理ニテ、慥ニ勝ト云所ヲ呑込ミテ、先ノ位

ヲ知テ戰フ所ナリ、又一分ノ兵法モ、敵ノ流レヲ辨ヘ、相手ノ人ガラヲ見ウケ、人ノ强キ弱キ所ヲ見ツケ、敵ノ氣色ニチガフ事ヲシカケ、敵ノメリカリ（メリハ減リ、カリハ上リノ意ニテ、メリカリハ增減ナリ）ヲ知リ、其間ノ拍子ヲ知リテ、先ヲシカクル所肝要ナリ、物事ノ景氣ト云事ハ、我ガ智力强ケレバ必ズ見ユル所ナリ、兵法自由ノ身ニナリテハ、敵ノ心ヲ能ク計テ勝ツ道多カルベキ事ナリ、工夫有ベシ

一ケンヲフムト云フ事

劍ヲフムト云フ心ハ、兵法ニ專ラ用ユル義ナリ、先ヅ大キナル兵法ニシテハ敵、弓鐵砲ニテモハナシカクル時、我ハ其後ニカヽラントスルニヨツテ、敵ハ更ニ又弓ヲツガヒ鐵砲ニ藥ヲコメテ擊出スユヱ、コミ入ガタシ、我ハ敵ノ弓鐵砲ヲ放ツ内ニ早クカヽルベシト云フ心ナリ、

△敵ヲ蹈ムコト足ニ限ルベカラズ身ニテモ心ニテモ踏ムベシ

早クカヽレバ矢モ番フ暇ナク、鐵砲ヲモ撃出スイトマ無ク、敵何事ヲモ施シ得ザル心ナリ、物事ヲ敵ノシカクルト、其儘其ノ理ヲ受テ敵ノスル事ヲフミツケテ勝ツ心ナリ、又一分ノ兵法モ敵ノ打出ス太刀ノ後《アト》ヘ打テバトタン／＼トナリテ、捗ユカザル所ナリ、敵ノ打出ス太刀ハ足ニテフミ付ケル心ニシテ、打出ス所ヲ勝ツ、二度目ヲ敵ノ打得ザルヤウニスベシ、フムト云フハ足ニハカギルベカラズ、身ニテモフミ、心ニテモフミ、勿論太刀ニテモフミ付テ二ノ目ヲ敵ニヨクサセザルヤウニ心得ベシ、是レ則チ物事ノ先ノ心ナリ、敵ト一度ニトイヒテ行當ル心ニテハナシ、其マヽ後ニツク心ナリ、能ク／＼吟味アルベシ

一クヅレヲ知ルト云フ事

崩《クヅレ》ト云フ事ハ物毎ニアルモノナリ、其家ノクヅルヽ、身ノクヅルヽ、敵ノクヅルヽ事モ、時イタリ拍子チガヒニナリテクヅルヽ所ナリ、大分ノ兵法ニテモ、敵ノクヅルヽ拍子ヲ得テ、其間ヲ拔サヌヤウ立追ニツル事肝要ナリ、崩ルヽ所ノ息《イキ》ヲヌカシテハ立カヘス所アルベシ、又一分ノ兵法ニテモ、戰フ中ニ敵ノ拍子チガヒテ崩レメノツクモノナリ、其程ヲ油斷スレバ又立歸リ、（立歸リハ立直ルナリ）新ラシクナリテハ捗ユカザル所ナリ、其崩レ目ニツキ、敵ノ顔タテ直サゞルヤウニ慥ニ追カクル所肝要ナリ、追カクルハ直ニツヨキ心ナリ、（今ノ追撃ノ意ナリ）敵タテカヘサザルヤウニ打放スモノナリ、打放スト云フ事能ク分別アルベシ、ハナレザレバシタルキ心有リ、工夫スベキモノナリ

一敵ニナルト云フ事

敵ニ成ト云フハ我身ヲ敵ニナリカハリテ思フベキト云フコトナリ、世ノ中ヲ見ルニ盗ミナドシテ、家ノウチヘ取籠ルヤウナルモノヲモ、外ヨリハナカ〳〵ニ強ク思ヒ做スモノナリ、左レド又盗賊ノ身ニナリテ思ヘバ、今世ノ中ノ人ヲミナ相手トシテ遁ゲ籠リテセンカタナキ心ナリ、取籠ルモノハ雉子ナリ、之ヲ外ヨリ取圍ミ、打入ヲントスルモノハ鷹ナリ、能々工夫有ベシ、敵ヲ強クノミ思ヒ做《ナ》シテ恐ルルハ不覺ナリ、敵ノ心ニナリテ見レバ、却テ我ヲ恐レ居ルコトナルベシ、大キナル兵法ニシテモ、敵トイヘバ強ク思ヒテ大事ニカクルモノナリ、ヨキ人數ヲモチ兵法ノ道理ヲヨク知リ、敵ニ勝ツト云所ヲ能受ケテハ氣遣ヒスベキ道ニアラズ、一分ノ兵法モ敵ニナリテ思フベシ兵法ヨク心得テ道理ツヨク、其道達者ナルモノニアヒテハ、必ズ負

クルト思フ所ナリ、能々吟味スベシ

彼を知り己を知るは古來兵家の套語なり、唯己のみを知て彼を知らざれば、思はざる失策を來すことあり、義經が風雨の夜に乘じ、僅々百騎に足らぬ手兵を提げて、屋島に渡りしは、梶原の評したる如く、如何にも無謀の猪武者に似たれども、是は其實、梶原の愚にして、兵法を知らざるの不明に坐す、義經如何に血氣に逸ればとて、豈に十分備へある敵に向て、斯る無謀を敢てせんや、此時、平家は海の隔を頼み、且源氏を恐るゝこと甚敷、源軍來ると聞ては、兵の多少抔計るの遑なく、狼狽して敗走せん事は、義經の疾くに計り知る處なり、然るを、梶原は唯己れの小勢なるを知りて、敵の情況を計ること能はざるは、義經に比すれば遙かに劣れり、果して義經の計りしに違はず、源軍海を渡りて來ると聞くや、平家は驚き恐れて海に入りたるなり、「敵ノ心ニモナリテ見ヨ」とは此を云ひたるものにて、我敵を恐るれば、敵も又我を恐るべし、恰も強賊などの山塞に立籠りたらん如き、如何にも強かるべしと思へども、賊の身になりて見たらば、四面を敵として取籠められたる事とて、其の我を恐るゝ事は、我の彼を恐るゝより一倍甚しかるべきなり、此理を知る時は、敵を一概に恐るゝは固より悪し、去れど一概に恐れざるも悪し、要は能く敵情を察し、機に臨み變に應じて、終局の勝利を占むるにあり

一四手ヲハナスト云フ事

四手ヲハナストハ（四手トハ敵ト我ト四ノ手ニテ互ニ張合トナリテ勝負ツカザル時ハ其手ヲ放スト云フ意ナリ）敵モワレモ同ジ心ニ張合フ心ニナルト思ハヾ、其儘心ヲステヽ別ノ利ニテ勝ツ事ヲ云フナリ、大分ノ兵法ニシテモ、四手ノ心ニアレバ捗ユカズ、人ノ先ズル事ナリ、早ク心ヲステヽ敵ノ思ハザル利ニテ勝ツ事専ラナリ、又一分ノ兵法ニテモ、四手ニナルト思ハヾ、其儘心ヲカヘテ敵ノ位ヲ得テ、各別變リタル利ヲ以テ、勝ヲワキマユル事肝要ナリ、能々分別スベシ

一カゲヲ動カスト云フ事

陰《カゲ》ヲウゴカスト云ハ、敵ノ心ノミエワカヌ時ノ事ナリ、大分ノ兵法ニシテモ、何トモ敵ノ位ノ見ワケザル時ハ、我カタヨリ强クシカクル樣ニ見セテ、敵ノ手ダテヲ見ルモノナリ、手ダテヲ見テハ、各別ノ利ニテ勝ツ事ヤスキ所ナリ、又一分ノ兵法ニシテモ敵後方《ウシロ》ニ大刀ヲ構ヘ、脇ニ構ヘタルヤウナル時フット打ントスレバ、敵思フ心ヲ必ズ其ノ太刀ニ現ハスモノナリ、現ハレ知ルヽニ於テハ、其ノマヽ利ヲ受ケテ慥カニ勝ツコト知ルベキモノナリ、油斷スレバ拍子ヌクルモノナリ、能々吟味アルベシ

一影ヲ抑フルト云フ事

影ヲ抑フルト云フハ、敵ノカタヨリ仕掛クル心ノミエタル時ノ事ナ

リ、大分ノ兵法ニシテハ、敵ノワザヲセントスル所ヲ抑フルト云テ、我方ヨリ其利ヲ抑フル所ヲ、敵ニ强クミスレバ、强キニ抑ヘヲレテ、敵ノ心カハル事ナリ、我モ心ヲチガヘテ、空ナル心ヨリ先ヲ仕掛テ勝ツ所ナリ、一分ノ兵法ニシテモ、敵ノ起ルツヨキ氣ザシヲ、利ノ拍子ヲ以テ止メサセ、止ミタル拍子ニ、我勝利ヲ受テ先ヲ仕掛クルモノナリ、能々工夫アルベシ

一移ヲカスト云フ事

移ヲカスト云フハ物每ニアルモノナリ、或ハ眠リナドモウツリ、或ハ欠伸ナドノウツルモノナリ、時ノウツルモアリ、大分ノ兵法ニシテ、敵ウハキニシテ事ヲ急グ心ノ見ユル時ハ、少シモ其ニ介意《カマ》ハザルヤウニシテ、何如ニモユルリトナリテ見スレバ、敵モ我氣ニウツサレテ

其氣ザシタルムモノナリ、其移リタルト思フトキ、我方ヨリ空ノ心ニシテ、早ク強クシカケテ勝利ヲ得ルモノナリ、一分ノ兵法ニシテモ我身モ心モユルリトシテ、敵ノタルミノ間ヲ受テ強ク早ク先ニシカケ勝ツ所専ナリ、又ヨワリト云テ是ニ似タル事アリ、一ツハ退屈ノ心、一ツハ浮ツク心、一ツハ弱クナル心、能々工夫アルベシ

一ムカツカスルト云フ事

ムカツカスルト云ハ物毎ニアリ（ムカツクトハ俗ニムツトスル意ナリ立腹スル氣ナリ）一ツニハキハドキ心、二ツニハ無理ナル心、三ツニハ思ハザル心、ヨク吟味アルベシ大分ノ兵法ニシテモ、敵ノ心ヲムカツカスル事肝要ナリ、敵ノ思ハザル所ヘ仕掛ケテ、敵ノ心ノキハマラザル内ニ、我利ヲ以テ先ヲシカケテ勝ツ事肝要ナリ、又一分ノ兵法ニシテモ、初ユルリト見セテ、俄ニ

ツヨクカヽリ、敵ノ心ノハタラキニ隨ヒ息ヲヌカサズ、其儘利ヲウケテ勝ヲツキマユル事肝要ナリ、能ク〳〵吟味アルベシ

「ムカツカス」と云ふことも是亦兵法の一手段なり、ムカツクとは怫然として怒ることにて、何人にも怒る時は、心の平常を失ふ、心の平常を失ふ時は、其人必ず工夫の中正を誤ることあるは免れざるところなり、古人も怒るものは其情知るべく、笑ふものは計るべからずと云へり、如何にも其の通りにて、世間の人にても怒り易きものは寧ろ其人は善き人なり、何事にても怒らざる人こそ却て其心計られぬものなり、故に敵と對しては、如何にもして敵を怒らせ、ムットさせ、其の機に乘じて勝利を得るは、兵法上の一手段たるなり、武藏先生の佐々木岸流と、舟島に於て勝負を決するや、全く此法を用ゐたり、其は約束の時刻に岸流は早くより來りて、待合はせども先生來らず、朝の八時頃より、正午に至りて流石に岸流ムットシて怒るところに、先生漸く小舟に乘りて來りければ、岸流今は怺《ユラ》へ兼ね、先生の舟より上り來るをも待たず、床

机を離れてつか〳〵と水際に進み出で、何とて今迄晩きやと云ふなり、一刀を大上段に振冠りて打下せしを、先生も持たる櫂にて眞向を臨んで打下し、相撃となりたるが、岸流の打太刀は切先僅かに先生の鉢卷を切りたるのみにて、先生の爲めに英名空しく孤島の露と消え去りぬ、此時の事情を案ずるに、岸流は初めより、全く先生の手段に乘せられたるものにて、即ち「ムカツカ」せられたるなり、故に苟も劍道を學ばんとするものは、其心を平靜安着にして、如何なる場合にても、決して怒り腹立つ等の事あるべからず

一オビヤカスト云フ事

オビユルト云フコト物每ニアルコトナリ(オビユルハ震慴ナリ恐レ悸ク意ナリ)思ヒヨラヌ事ニオビユル心ナリ、大分ノ兵法ニシテモ敵ヲ刧《オビ》ヤカス事眼前ノ事ノミニアラズ、或ハ物ノ聲ニテモオビヤカシ、或ハ小ヲ大ニシテオビヤカシ、又片ワキヨリフツトオビヤカスコト是レオビユル所ナリ、

其オビユル拍子ヲ得テ、其利ヲ以テ勝ベシ、一分ノ兵法ニシテモ身ヲ以テオビヤカシ、太刀ヲ以テオビヤカシ、聲ヲ以テオビヤカシ、敵ノ心ニナキコトヲフット仕カケテオビユル所ノ利ヲウケテ、ソノママ勝ヲ得ルコト肝要ナリ、能々吟味アルベシ

一マブルヽト云フ事

マブルヽト云ハ（マブルハ塗《マブ》ルナリ例ヘバ泥マブレト云フ如シ混ジ入ルノ義アリ）敵我手近クナリテ、互ニツヨク張アヒテ、捗ユカザルト見レバ、其儘敵ト一ツニマブレアヒテ、マブレアヒタル其内ニ、利ヲ以テ勝ツ事肝要ナリ、大分小分ノ兵法ニモ敵味方互ニ心ハリアフテ、勝負ツカザルトキハソノマヽ敵ニマブレテ互ニワケナクナルヤウニシテ（敵味方ノ分別ナクナルヨウニシテ）其ウチノ徳ヲ得、ソノウチノ勝ヲ知リ、ツヨク勝ツ事専ヲナリ、ヨク〳〵吟味有ベシ

一カドニサハルト云フ事

角《カド》ニサハルト云フハ物毎ニツヨキ物ヲ押スニ其マヽ直ニハ押込ミガタキモノナリ、大分ノ兵法ニシテモ、敵ノ人數ヲ見テ張リ出强キ處ノ角ニアタリテソノ利ヲ得ベシ、角ノメルニ隨ヒ、惣テモ皆ノメル心アリ、（ノメルハ弛《ユル》ブ又鈍《ニブ》ルナリ）其ノメル内ニモ角々ニ心得テ勝利ヲ得ル事肝要ナリ、一分ノ兵法ニシテモ敵ノ體ノ角ニイタミヲツケテ體少シニテモヨワクナリ崩ルヽ體ニナリテハ勝ツ事ヤスキモノナリ、此事ヨク／＼吟味スベシ

一ウロメカスト云フ事

ウロメカスト云ハ、敵ニタシカナル心ヲ持セザルヤウニスル處ナリ、（ウロメカストハウロツカスノ意ナリ）大分ノ兵法ニシテモ、戰ノ場ニ於テ敵ノ心ヲ計リ我兵法

ノ智力ヲ以テ、敵ノ心ヲ迷ハセテ兎《ト》ノ斯《カク》ノト思ハセ、晩シ早シト思ハセ、敵ウロメク心ニ成ル拍子ヲ得テ、慥ニ勝ツ所ヲワキマユルナリ、又一分ノ兵法ニシテ時ニ當リテ、イロ〱ノワザヲシカケ、或ハ打トミセ、或ハツクトミセ、又ハ入リ込ムト思ハセ、敵ノウロメク氣ザシヲ得テ、自由ニ勝ツ所是レ戰ノ専ナリ、能ク〱吟味アルベシ

一三ツノ聲ト云フ事

三ツノ聲トハ初中後ノ聲ト云テ、三ツニ掛ケワクル聲ナリ、所ニヨリ聲ヲカクルト云フ事専ナリ、聲ハ勢ヒナルニヨリテ、火事ナドニモ掛ケ、風波ニモカクルモノナリ、聲ハ又勢力ヲ見スル物ナリ、大分ノ兵法ニシテモ、戰ノ初メニカクル聲ハ如何程モ嵩《カサ》ヲカケテ掛クベク、戰フ間ノ聲ハ調子ヲ引キテ底ヨリ出ル聲ニテカヽリ、勝テ後アトニ

大キニ強クカクル聲、是三ツノ聲ナリ、又一分ノ兵法ニシテモ敵ヲ動カサム爲メノ打トミセテ、頭ヨリヱイト云聲ヲカケ、聲ノ後《アト》ヨリ太刀ヲ打出スモノナリ、又敵ヲ打テ後《アト》ニ聲ヲカクルコト、勝ヲ知ラスル聲ナリ是ヲ先後ノ聲ト云フ、太刀ト一度ニ大キニ聲ヲカクルコトナシ、若シ戰ノウチニ掛ルコトアレバ、是ハ拍子ニノル聲ニテ、引テカクルナリ、能々吟味アルベシ

一マギルヽト云フ事

マギルヽト(マギルヽハ紛《マギ》ルヽニテ敵ノ眼ヲクラマスナリ)云ハ、大分ノ戰ヒニシテハ人數ヲ互ニ立テ合戰ノツヨキ時マギルヽト云フテ、敵ノ一方ヘ掛リ、敵クヅルヽト見バ捨テ又強キ方ニカヽル、大カタツヾラヲリニカヽル心ナリ、一分ノ兵法ニシテ敵大勢ヨスルニモ亦此心専ナリ、一方ヲ追崩シテハ又

一方ツヨキ方ニカヽリ、敵ノ拍子ヲ得テ、能キ拍子ニ左右トツヾヲヲリノ心ニ思ヒテ、敵ノ色ヲ見合テ掛ルモノナリ、其敵ノ位ヲ得、打通ルニ於テハ少シモ引心ナク強ク勝ツ利ナリ、一分ノ入身ノ時モ、敵ノツヨキニハソノ心アリ、マギル、ト云フ事、一足モヒク事ヲシラズ、マギレ行ト云フ心、能々分別スベシ

一ヒシグト云フ事

ヒシグト云フハ譬ヘバ敵ヲ弱ク見ナシテ、我強メニナツテ挫《ヒシ》グト云フ事専ラナリ、大分ノ兵法ニシテモ敵ニ人數ノ位ヲ見コナサレ、又ハ大勢ナリトモ敵ウロメキテ弱ミツク所ナレバ、頭《カシラ》ヨリカサヲカケテ挫グ心ナリ、挫グ事弱ケレバモリカヘス事有リ、手ノ中ニ握ツテ挫グ心能々分別スベシ、又一分ノ兵法ノ時モ、我手ニ足ラザルモノ、又ハ

△敵ノ意表ニ出ルコトヲ忘ルベカラズ、敵海ト思ハバ山山ト思ハバ海ト出ヅ可シ

敵ノ拍子違ヒテ、スサリメニ成ル時少シモ息オクレズ目ヲ見合セザル樣ニナシ、眞直ニ挫ギツクル事肝要ナリ、能々吟味有ベシ

一山海ノ變リト云フ事

山海ノ心ト云ハ、戰フ中ニ同ジ事ヲ度々スルコトアシキ所ナリ、同ジ事二度ハ是非ニ及バズ三度トスルハ甚ダ惡シ、敵ニワザヲシカクルニ一度ニテ成ラザル時ハ今一ツモセキカケテ、其ノ利ニ及バズバ今度ハ別ニ異《カハ》リタル事ヲフツト仕掛ケ、尙ソレニテモ捗ユカズバ又別ノ事ヲ仕カクベシ、然ルニヨツテ敵山ト思ハヾ海トシカケ、海ト思ハバ山トシカクル心兵法ノ道ナリ、能々吟味アルベキコトナリ

奇道は、兵家の許すところなれば、必ずしも正々堂々とのみ云ふべからず、敵の不意を襲ひ、思ひがけ無きところに出で、勝を取ること珍しからず、所謂「海ト思ハヾ山、

山ト思ハヾ海」と云ふ如く、意表に出ること肝要なるべし、劍を取て相對するや、小手を取ると見せて面を打ち、胴を打つと見せて、小手を打つ等は常の事なり、是れ即ち山海の心と云ふ所以なり

一底ヲヌクト云フ事

底ヲヌクト云ハ敵ト戰フニ其道ノ利ヲ以テ上ハ勝トミユレドモ心ヲタヘサヾルニ依テ、上ニテハマケ下ノ心ハマケヌ事アリ、其儀ニ於テハ我俄カニカハリタル心ニ成テ敵ノ心ヲタヤシ、底ヨリマクル心ニ敵ノナル處ヲ見ル事專ナリ、此ソコヲ拔ク事太刀ニテモヌキ、又身ニテモヌキ、心ニテモヌク所有リ、一道ニハ辨ユベカラズ、底ヨリ崩レタルハ我心ノコスニ及バズ、左ナキトキハ殘ス心ナリ、殘ス心アレバ敵崩レガタキ事ナリ、大分小分ノ兵法ニシテモ底ヲヌク所、

能ク〱鍛錬アルベシ

一新ニナルト云フ事

新《アラタ》ニナルトハ敵ト戰フ時、縺《モツ》ル丶心ニナツテ捗ユカザル時、我氣ヲ振リ捨テ物事ヲ新ラシク初ムル心ニナリ、其拍子ヲ受テ勝ヲ辨ユル所ナリ、新ニ成ル事ハ何時モ敵ト我レキシム（キシムトハ圓滑ナラザル意ナリ）心ニナルト思ハヽ其儘心ヲ更ヘテ各別ノ利ヲ以テ勝ツベキナリ、大分ノ兵法ニオイテモ、新ニナルト云所ヲワキマユル事肝要ナリ、兵法ノ智力ニテハ忽ヲ見ユル所ナリ、ヨク〱吟味アルベシ

△鼠頭午首 膽大心小

一鼠頭午首ト云フ事

鼠頭午首《ソトウゴシュ》ト云フハ敵ト戰フ中ニ、互ニ細カナル所ヲ思ヒ合テ縺《モツ》ル丶心ニナル時、兵法ノ道ヲツ子ニ鼠頭午首〱ト思ヒテ、如何ニモ細カ

ナル中ニ、俄ニ大キナル心ニシテ、大ヲ小ニカユル事、兵法一ツノ心ダテナリ、平生ノ人ノ心モ、鼠頭午首ト思フベキ所武士ノ肝心ナリ、兵法大分小分ニシテモ、此心ヲ離ルベカラズ、此事ヨク〳〵吟味アルベキモノナリ

膽は大なるべし、心は小なるべしとは、古來の格言なり、男子苟も世に立たんとせば、宜敷磊々落々日月の皎然たるが如くなるべし、切々瑣々として、小事に拘々たるは男子の本領にあらず、是れ婦人女子の爲すところなり、然りと云へども、膽大なるが故に小心翼々の戒しめを忘るべからず、土井利勝が一本の紙撚屑を拾ひ、翌年懷中より取出して、刀の柄を卷きたるは人の知るところなり、凡そ古今に渡りて男子らしき男子として、大閤秀吉の如くなるものは少なし、彼が歳末の禮に、安土城に進物として、城下より城門迄數百荷の吊臺を人夫に擔がせて、流石豪膽の信長をして「さても大氣物の藤吉郎よ」と驚かしめたる事あり、海內を一統して、大明を征

伐し、日本の天子を、大陸四百餘州の首都、北京に行幸せしめんと企てし程の大膽なれども、而も一面に於ては、又極めて細心、苟も爲さゞるところあり、賤ケ岳の役柴田勝家に備ふるや、十三砦を築きて之を抑へ、其の中川の敗報を聞くと齊敷、「八幡戰さには勝たるぞ」と叫びて、腰刀を拔きて躍り上り〳〵、馬に飛乘りながら、足の強きもの、三十餘人を呼出して、先きに走らしめ、沿道の民家に命じて、粥を煮て糧食に給し、豆を煮て馬を飼ひ、更に一處〳〵に、豫め驛馬を備へて、乘り代へ乘り代へ一夜に十三里を乘切り、果して大捷を得たるは其の細心にして、用意の周到なるは他人の及ぶところにあらざるなり、「鼠頭牛首」とは全く大膽小心の謂に外ならず、武藏先生が大敵を物の數ともせず、常に單身敵中に飛込みながら、其の飛込迄には十分の用意を爲すに於て、極めて細心なりしなり、岸流との勝負に、綿を包みて豫め鉢卷を用意したるなど、其一例と見るべし、要するに大膽の中に小心のところあり、大小宜敷に適ひ、初めて英雄の本領を發揮し得べし

一將卒ヲ知ルト云フ事

將卒ヲ知ルトハ何レモ戰ニ及ブ時我思フ道ニ至テハタエズ此法ヲ行ヒ、兵法智力ヲ得テ、我ガ敵タルモノヲバ皆我卒ナリト思ヒ取テコナシタキヤウニナスベシト心得、(コナストハ我ノ自由ニスルコトナリ)敵ヲ自由ニマワサントオモフ所、我ハ將ナリ、敵ハ卒ナリ、工夫アルベシ

一束ヲハナスト云フ事

ツカヲハナスト云フニイロ〳〵アル事ナリ、無刀ニテ勝ツ心アリ、又太刀ニテカタザル心アリ、サマ〳〵心ノユク所書付ル能ハズ、能ク能ク鍛練スベシ

一岩石《イワオ》ノ身ト云フ事

イワオノ身(即チ厳《イハホ》ノ義ニテ岩石ノ意ナリ)ト云フハ、兵法ヲ得道シテ忽チ岩石ノ如クニ

ナツテ、万事アタヲザル所、動カザル所、口傳アリ

右書付ル處、一流劍術ノ要ニシテ絶エズ思ヒヨル事ノミ云ヒ現ハシ置モノナリ、今始メテ此利ヲ書記スモノナレバ後先《アトサキ》ト書紛ルヽ心有テ細ヤカニハ云分ガタシ、乍去此道ヲ學ブベキ人ノ爲メニハ心記シニ成ベキモノナリ、我若年ヨリ以來、兵法ノ道ニ心ヲ掛テ、劍術一通リノコトニモ、手ヲカラシ身ヲカラシ、イロ〳〵サマ〴〵ノ心ニ成リ、他ノ流々ヲモ尋ネ見ルニ、或ハ口ニテ云ヒカコツケ、或ハ手ニテ細カナル業《ワザ》ヲシテ、人目ニ善キヤウニ見スルト云フトモ一ツモ實ノ心ニアルベカラズ、勿論斯樣ノ事、シナラヒテモ、身ヲキカセナラヒ心ヲキカセツクル事ヲ思ヘドモ、ミナ是道ノ病トナリテ、後々マデモ失セガタクシテ兵法ノ直道世ニ朽チテ道ノ廢《スタ》ルモトヰナリ、劍術實

ノ道ニナリテ敵ト戰ヒ勝ツ事此法聊カ變ル事アルベカラズ、我兵法ノ智力ヲ得テ、直ナル所ヲ行フニ於テハ、勝ツ事ウタガヒ有ベカラザルモノナリ

風の卷

一兵法他流ノ道ヲ知ル事

他ノ兵法ノ流々ヲ書付ケ風ノ卷トシテ此卷ニ著ハス所ナリ、他流ノ道ヲ知ラズシテハ我一流ノ道慥ニ辨ヘガタシ、他ノ兵法ヲ尋子見ルニ、大ナル太刀ヲ取テ、强キ事ヲ專ニシテ其業ヲナスナカレ、或ハ小太刀ト云ヒテ、短キ太刀ヲ以テ道ヲ勤ムルナカレ、或ハ太刀數多クタクミ、太刀ノ構ヲ以テ、表ト云ヒ奧ト云ヒテ道ヲ傳ユル流モアリ、是

皆實ノ道ニアラザル事此卷ノ奧ニ慥カニ書顯シ、善惡理非ヲ知ラスルナリ、我一流ノ道理各別ノ義ナリ、他ノ流ハ藝ニ渡テ身スギノタメニシテ色ヲカザリ花ヲサカセ、賣物ニ拵エタルニヨツテ、實ノ道ニアラザル事カ、又世ノ中ノ兵法劍術バカリ小サク見立テ、太刀ヲ振リ習ヒ、身ヲキカセテ、手ノカヽル所ヲ以テ勝事ヲ辨ヘタルモノカ、何レモ慥カナル道ニアラズ、他流ノ不足アルトコロ、一々此書ニ書顯スナリ、ヨク〳〵吟味シテ、二刀一流ノ利ヲワキマユルベキモノナリ

一他流ニ大ナル太刀ヲ持ツ事

他ニ大ナル太刀ヲ好ム流アリ、我兵法ヨリシテ是ヲ弱キ流ト見タツルナリ、其故ハ、他ノ兵法如何樣《イカサマ》ニモ人ニ勝ト云理ヲバ知ラズシテ、太刀ノ長キヲ得《トク》トシ、敵相遠キ所ヨリ勝ナタキト思フニ依テ、長キ太

刀好ム心アルベシ、是レ世ノ中ニ云フ、一寸手マサリトテ兵法知ラヌモノヽ沙汰ナリ、然ルニヨッテ、兵法ノ利ナクシテ長キヲ以テ遠ク勝ントス、ソレハ心ノ弱キユヱナルニヨッテ、弱キ流ト見立ルナリ、若シ敵相近ク組合ウホドノ時ハ、太刀ノ長キホド打事モ利カズ、太刀ノモトヲリスクナリ、(手元ニ隙チ生ズルナリ)太刀ヲニヽシテ(俗ニ云フ荷厄介ニスルナリ)小脇差手フリノ人ニ劣ルモノナリ、長キ太刀好ム身ニシテハ、ソノ云ソケハ有ベキナレドモ、ソレハ其身ヒトリノ理ナリ、世ノ中ノ實ノ道ヨリ見ルトキハ道理ナキコトナリ、長キ太刀持ズシテ短カキ太刀ニテハ必ズ負クベキ事カ、或ハ其場ニヨリ上下脇ナドノツマリタル所、或ハ脇差バカリノ座ニテモ、長ヲ好ム心兵法ノ疑ヒトテ惡シキ心ナリ、人ニヨリ小刀ナルモノモ有リ、其身ニヨリ長刀サスコトナラザル身モ有リ、昔ヨリ大ハ小ヲカナヘルト云ヘバムザト長キヲ嫌フニハアラズ、長キトカタヨル心ヲ嫌フ儀ナリ、大分ノ兵法ニシテ長キ太刀ハ大人數ナリ、短カキハ少人數ナリ、少人數ト大人數ニテ合戰ハナルマジキモノカ、少人數ニテ勝ツコソ兵法ノ德ナレ、昔モ少人數ニテ大人數ニ勝タル例多シ、我一流ニ於テ左樣ニカタスキセバキ心嫌フ事ナリ、能ク能ク吟味アルベシ

一他流ニオイテ强ミノ太刀ト云フ事

太刀ニ强キ太刀弱キ太刀ト云フコトハ有ベカラズ、ツヨキ心ニテフル太刀ハアラキモノナリ、荒キバカリニテハ勝ガタシ、又强キ太刀ト云テ人ヲ切ル時、無理ニツヨクキラントスレバ切レザルモノナリ、試《タ》驗《メ》シ物ナド切ル心ニモ、餘リ强ク切ラントスル事惡シ、誰ニ於テモ敵

ト切合ウニ弱ク切ラン強ク切ラント思フモノナシ、唯人ヲ切殺サント思フ時ハツヨキ心モアラズ、勿論ヨワキ心ニモアラズ、敵ノ死ヌル程ト思フ儀ナリ、若ハツヨミノ太刀ニテ、人ノ太刀強クハレバ張リ餘リテ必ズ惡キナリ、人ノ太刀ニツヨク當レバ、我太刀モ折レ摧クルコトアリ、然ルニヨツテ、ツヨミノ太刀ナド云事ナキコトナリ、大分ノ兵法ニシテモ強キ人數ヲ持、合戰ニ於テ強ク勝ムト思ヘバ敵モツヨキ人ヲモナ、戰モツヨクセント思フ、其ハ何レモ同ジ事ナリ、物毎ニ勝ト云事道理ナクシテハ勝ツ事アタハズ、我道ニ於テハ少シモ無理ナル事ヲ思ハズ、兵法ノ智力ヲ以テ如何ヤウニモ勝ツコトヲ得ル心ナリ、能〱工夫アルベシ

一他流ニ短キ太刀ヲ用ユル事

ミジカキ太刀バカリニテ勝ント思フコト實ノ道ニアラズ、昔ヨリ太刀、刀ト云フテ長キト短キト云事ヲアラハシ置ナリ、世ノ中ニ強カナルモノハ大キナル太刀ヲモ輕ク振ルナレバ無理ニ短カキヲ好ム可ニアラズ、ソノ故ハ長キヲ好ミテ鑓長刀ヲモ持モノナリ、短キ太刀ヲ以テ人ノフル太刀ノ透間ヲ切ン、飛入ン、捉マムナド思フ心アシシ、又透間ヲネロウ所萬事後手ニ見エ縺《モツ》ルト云フ心有テ嫌ウ事ナリ、若ハ短キ物ニテ敵ヘ入リ込マン、取ラントスル事大敵ノ中ニテ役ニ立タザル心ナリ、短カキニシテ得タルモノハ大勢ヲモ切拂ハン、自由ニ飛バン、狂ハント思フトモ皆受太刀トイフ物ニナリテ、取紛《トリマギ》ル、心アツテ慥カナル道ニテハナキコトナリ、同クハ我身ハツヨク直ニシテ人ヲ追回シ、人ニ飛ビハネサセ、人ノウロメクヤウニ仕カケテ慥ニ勝ツ所ヲ専トスル道ナリ、大分ノ兵法ニ於テモ其利有リ、同クバ人數嵩《カサ》ヲ以テ敵ヲ即時ニ攻潰ス心兵法ノ専ヲナリ、世ノ中ノ人ノ物ヲシナラフ事、平生モ受ケツ、カハイツ(身ヲカハスナリ)、抜ケツ、潜リツシナラヘバ心道ニ引カサレテ人ニ廻ハサル、心アリ、兵法ノ道直ニ正シキ所ナレバ正理ヲ以テ人ヲ追廻ハシ、人ヲ隨ガユル心肝要ナリ、能々吟味有ベシ

一他流ニ太刀カズ多キ事

太刀ノ數アマタニシテ人ニ傳ルコト、道ヲ賣物ニシタテヽ太刀數多ク知リタルト初心ノモノニ深ク思ハセン爲ナルベシ、兵法ニ嫌ウ心ナリ、其故ハ人ヲ切ル事色々アリト思フ心迷ヒナリ、世ノ中ニ於テ人ヲ切ルコト變ハル道ナシ、知ルモノモ知ザルモノモ、女童子《ヲンナワラベ》モ打叩キ

切ルト云フ道ハ多ク無キ所ナリ、若シ變ハリテハ突ゾ薙《ナタ》ゾト云フ外ハナシ、先ヅ敵ヲ切ル所ノ道ナレバ他ニ數多アルベキ道理アラズ、サレドモ場ニヨリ事ニシタガヒ上脇ナド詰リタル處ニテハ太刀ノツカエザルヤウニモツ道アリ、其ハ五法トテ五ノ構ヘハアルベキモノナリ、ソレヨリ外ニ取付テ手ヲ捩《チ》ヂ或ハ身ヲヒネリテ飛起キナド樣々ノコトシテ人ヲ切ル事實ノ道ニアラズ、人ヲ切ルニネヂテ切ラレズ、拈《ヒネ》リテキラレズ、飛テキラレズ、ヒヲイテキラレズ、凡是等ノ事ハ曾テ役ニ立タザル事ナリ、我兵法ニオイテハ身ナリモ心モ直ニシテ敵ヲヒツマセ、緩マセテ敵ノ心ノネヂ、ヒネル處ヲ勝ツ事肝要ナリ、能ク〳〵吟味アルベシ

一他流ニ太刀ノ構ヲ用ユル事

△法ヨリ入テ無法ニ出ツ一概ニ拘泥スベカラズ

太刀ノ構ヲ専ニスルコトヒガ事ナリ、世ノ中ニ構ノアランコトハ敵ノナキトキノ事ナルベシ、其仔細ハ昔ヨリノ例ヒ今ノ世ノ法ナド、シテ法例ヲ立ル事ハ勝負ノ道ニハアルベカラズ、ソノ相手ノアシキヤウニ匠ムコトナリ、物毎ニ構ユルト云フ事ハユルカヌ處ヲ用ヰル心ナリ、或ハ城ヲ構ル、或ハ陣ヲ構ユルナドハ人ニ仕掛ケラレテモツヨク動カヌ心是常ノ義ナリ、兵法勝負ノ道ニ於テハ何事モ先手先手ト心掛ル事ナリ、構ルト云心ハ先手ヲマツ心ナリ、能く〳〵工夫アルベシ、兵法勝負ノ道人ノ構ヲウゴカセ、敵ノ心ニナキ事ヲシカケ、或ハ敵ヲウロメカセ、或ハムカツカセ、又ハオビヤカシ、敵ノマギル、處ノ拍子ノ利ヲウケテ勝ツ事ナレバ、カマユルト云後手ノ心ヲ嫌フナリ、然ルユエニ我道ニ有構無構ト云テ、構ハ有テカマエハナキト云所ナリ、大分ノ兵法ニモ敵ノ人數ノ多少ヲオボエ、其戰場ノ所ヲウケ、我人數ノ位ヲ知リ、其德ヲ得テ人數ヲ立テ戰ヲ初ムル事是合戰ノ專ナリ、人ニ先ヲ仕カケラレタル時ト我人ニ仕カクル時トハ其利不利一倍モカハル心也、太刀ヲ能構ヘ敵ノ太刀ヲ能ク受ケ能ク張ルト覺ユルハ鑓長太刀ヲ以テ柵ニ振リタルト同ジ、敵ヲ討ツ時ハ又柵木ヲ抜テ鑓長太刀ニ使フ程ノ心ナリ、能々吟味アルベキ事ナリ、

此一節、是亦武藏先生二刀一流の極意なり、凡そ兵法劍道に限らず、何事にても規則法度はあるものなり、去れば一應規則は學ばざるべからずと云へども、若し規則のみに拘泥しては身心の二つを束縛せられて自由を失ふによりて、却て道の上達は得がたき事なり、古人も法に入りて、法を出づと云へり、苟も其道を得れば、法是れ無法なれば行くところとして、心の自由を失ふことあるべからず、譬へば碁を圍むが如し、定石は學ばさるべからず、定石に據らざれば、全局の組織堅固ならず、去れど

又只管定石のみに拘はる時は、毫も變化なく、敵手より少しく、定石以外の手を打たる時は之に應ずること能はずして、周章するに至らん、劍道亦此の如し、五法三聲、流々によりてはいろ〳〵さま〴〵あるべしと云へども、要は一心萬事に酬應の大道理に歸着せざる無し、故に武藏先生本書の中に於て、反覆此意を致せり、此に「有構無構」の理を陳べて、重ねて一流の本意は、決して法の末にあらざる事を知らしめられたり

一他流ニ目付トイフ事

目付ト云フテ其流ニヨリ敵ノ太刀ニ目ヲ付ルモアリ、又ハ手ニ目ヲ付ル流モ有リ、或ハ顏ニ目ヲツケ或ハ足ナドニ目ヲ付ルモ有リ、其ノ如ク取ソケテ目ヲ付ントシテハ、マギル、心有テ兵法ノ病ト云物ニナルナリ、其仔細ハ鞠《マリ》ヲケル人ハ鞠ニヨク目ヲ付ネドモ、自在ニケルコト、物ニナル、ト云所アレバタシカニ目ニ見ルニ及バズ、又

ホウカナドスルモノ、術《ワザ》ニモ其道ニナレテハ戸ビラヲ鼻先ニタテ、
刀ヲ幾腰《イクコシ》モ玉ナドニトル事、（手玉ニ取ルコトナリ）是レ皆慥ニ目ヲ付クルコトハ
ナケレドモ、不斷手ニナレヌレバ自ヅカラ見ユル處ナリ、（ホウカハ放歌ニテ放歌師ト稱シ手品師ノ如キモノナリ）兵法ノ道ニ於テモソノ敵ト仕馴レ、人ノ輕重ヲ覺エ、道ヲ
行ヒ得テハ太刀ノ遠近遲速マデモ皆見ユル義ナリ、兵法ノ目付ハ大
カタ其人ノ心ニ付タル眼ナリ、大分ノ兵法ニ至リテモ其敵ノ人數ノ
位ニ付タル眼ナリ、此故ニ我一流ニテハ觀見ノ二ツノ見ヤウアルコ
トナリ、觀ノ目ツヨクシテ敵ノ心ヲ見、其場ノ位ヰヲ見、大キニ目
ヲ付テ其戰ノ景氣ヲ見、其折節ノ强弱ヲ見テ正シク勝ツ事ヲ得ル事
專ヲナリ、大小兵法ニ於テ小サク目ヲ付ル事ナシ、前ニモ記スゴト
ク細カニ少サク目ヲ付ルニ依テ、大キ成事ヲ取忘レ迷フ心出來テ慥

カ成ル勝ナヲヌカスモノナリ、此理能々吟味シテ鍛練有ベキナリ

「兵法ノ目付ハ大カタ其人ノ心ニ付タル眼ナリ」の一句誠に一理萬理を貫通して、一流の眞理を道破せる言なり、武藏先生の他の劍術者に勝りて、天下後世に獨歩する所以のもの、常に心に着目するの祕要を會得せらるゝが故なり、二人相對して勝負を爲す時は、双方共に先づ其の眼に目を付くる事、普通の事なり、然るに先生は然らず、必ず其心に目を着くべしと敎ふ、而して心を見るに二樣あり、即ち觀と見となり、觀は深く見は淺し、觀は觀察にして心を見るなり、見は淺くして心を見ること能はず、多くの人大概見の見やうを爲すも觀の見やうを爲すもの少し、之を以て一段の奥妙に至りがたし、禪家に心眼あり、心の眼なり、世間にても盲目の人にして智力勝れたるもの少なからず、塙檢行は盲目にして、尙ほ群書類從の大著述あり、古人も眼に盲するも心に盲せずと云へり、今人多く眼に盲せずして、心に盲せり、利の爲めに盲目となりて、前後の辨へも無く眼はありながら無きに同じく、其が爲め

家を破り、身を滅すもの皆然り、是等の人々は世俗に云ふ明盲目《アキメクラ》なり、故に剣道を學ぶものは、常に心眼を以て物を觀るの心得無かるべからず、而して心眼の明と不明とは一に誠心誠意より來るが故に、誠の一字は徹頭徹尾斯道の妙諦と知るべし、二刀一流武藏先生の教ふるところの萬理は遂に此の一字に歸着すべきなり

一他流ニ足ツカヒ有事

足ノ踏ミヤウニ浮足、飛足、ハヌル足、踏シムル足、カラス足ナド、云テ色々左足ヲフム事有リ、是レミナ我兵法ヨリ見テハ不足ニ思フ處ナリ、浮足ヲキラフ事、其故ハ戰ニ成リテハ必ズ足ノ浮キタガルモノナレバ如何ニモ慥ニフム道ナリ、又タ飛足ヲ好マザルコトハ飛足ハトブ起リアツテ飛デ居ツク心有リ、イク飛モ飛ブト云フ理ノ無キニヨツテ飛足惡シ、又ハヌル足、ハヌルト云フ心ニテ捗ノ行カヌル

モノナリ、踏ツムル足、待ノ足トテ殊ニ嫌フ事ナリ、其他カラス足色々左足ナドアリ、或ハ沼フケ、(フケ前ニアリ深田ナリ)或ハ山川、石原、細道ニテモ敵ト切合フモノナレバ、所ニヨリ飛ハヌル事モナラズ、左足ノフマレザル所有モノナリ、我兵法ニ於テ足ニカハルコトナシ、常ノ道ヲアユムガ如シ、敵ノ拍子ニ随ヒ急グ時、静ナル時ノ身ノ位ヲ得テ足ラズ餘ラズ、足ノシドロニナキヤウニ有ベキナリ、大分ノ兵法ニシテモ足ヲ運ブコト肝要ナリ、其故ハ敵ノ心ヲ知ラズムザト早クカカレバ拍子チガヒ勝チガタキモノナリ、又足フミ静ニテハウロメキ有テ崩ルヽト云フ所ヲ見付ズシテ、勝ツ事ヲヌカシテ早ク勝負ツケ得ザルモノナリ、ウロメキ崩ルヽ場ヲ見ワケテ、少シモ敵ヲクツロガセザルヤウニ勝ツ事肝要ナリ、能々鍛練アルベシ

一他ノ兵法ニ早キヲ用ユルコト

兵法ノ早キト云所實ノ道ニアラズ、早キト云事ハ物毎ノ拍子ノ間《マ》ニアハスルニ依テ早キ遅キト云心ナリ、其道上手ニナリテハ早ク見エザルモノナリ、假令ヘバ人ニハヤ道ト云フテ四十里五十里行モノモ有リ、是モ朝ヨリ暮マデ早ク走ルニテハナシ、道ノ不勘成ルモノハ一日走ルモ一向ニ捗ユカザルモノナリ、亂舞ノ道ニ上手ノ歌フ謡ニ下手ノ付ケテ謡ヘバオクル、心アッテ急ガシキモノナリ、又鼓太鼓ニ老松ヲウツニ靜カナル位ヰナレドモ下手ハ是ニモオクレ先タツ心有リ、高砂ハ急ナル位ナレドモ、早キト云フコト惡シ、早キハコケルト云ヒテ間《マ》ニアハズ、勿論オソキモアシヽ、是モ上手ノスルコトハユル／＼トミエテ、間《マ》ノヌケザル所ナリ、諸事シツケタル者ノスルコトハ急ガシク見エザルモノナリ、此鍛ヲ以テ道ノ理ヲシルベシ、殊ニ兵法ノ道ニ於テ早キト云フコト悪シ、是レモソノ仔細ハ所ニヨリテ沼フケナドニテハ身足共ニ早ク行ガタシ、太刀ハイヨ〳〵早ク切ル事ナシ　早ク切ラントスレバ扇小刀ノヤウニハアラデ、チヤクト切レバ少シモ切レザルモノナリ、ヨク〳〵分別スベシ、大分ノ兵法ニシテモ早ク急グ心ワルシ、枕ヲ押ユルト云心ニテハ少シモ遅キコトハナキ事ナリ、又人ノムザト早キコトナドニハ背クト云テ静ニナリ人ニツカザル處肝要ナリ、此心ノ工夫鍛練アルベキ事ナリ

△武蔵先生ノ本領ヲ見ルベシ他人ノ及バザル所ナリ

一他流ニ奥表ト云フ事

兵法ノコトニ於テ何レヲ表ト云ヒ何レヲ奥トイハン、藝ニヨリ事ニフレテ極意秘傳ナドヽ云テ奥口《オククチ》アレドモ、敵ト打合時ノ理ニオイテ

ハ表ニテ戰ヒ奧ヲ以テ切ルト云フ事ハアラズ、我兵法ノ教ヘ樣《ヤウ》ハ初テ道ヲ學ブ人ニハ其業《ワザ》ノ成リヨキ所ヲサセ習ハセ、合點ノハヤク行ク理ヲ先ニ教ヘ、心ノ及ビ難キ事ヲバ其人ノ心ヲホドクル所ヲ見分テ次第次第ニ深キ所ノ理ヲ後ニ教ル心ナリ、去レドモ大カタハソノ事ニ對シタル事ナドヲ覺エサスニヨツテ奧口ト云フ所ナキ事ナリ、サレバ世ノ中ニ山ノ奧ヲ尋ルニ猶行カントト思ヘバ又口ヘ出ルモノナリ、何事ノ道ニ於テモ奧ノ出合所モアリ、口ヲ出シテ善キ事モアリ此ノ戰ノ利ニ於テ何ヲカ隱シ、何ヲカ顯ハサン、然ルニ依テ我道ヲ傳フルニ誓紙罰文抔ト云事ヲ好マズ、此道ヲ學ブ人ノ智力ヲウカゞヒ、直ナル道ヲ教ヘ、兵法ノ五道六道ノ惡キ所ヲ捨サセ、自ヅカラ武士ノ法ノ實ノ道ニ入リ疑ヒナキ心ニ成ル事我兵法ノ教ノ道ナリ、能

能鍛練有ベシ

右他流ノ兵法ヲ九ケ條トシテ風ノ卷ニ荒增シ書付ル處一々流々口ヨリ奥ニ至ルマデ定カニ書顯スベキコトナレドモ、ワザト何流ノ事トモ名ヲ書シルサズ、其故ハ一流〳〵其レ〳〵存分有ルモノナレバ同流ニテモ少々心ノ異《カハ》ルモノナレバ、後々迄ノ爲メニ流名ナドモ書ノセズ、他流ノ大體九ツニ云分ケテ世ノ中ノ道人ノ直ナル道理ヨリ見レバ、長キニカタブキ短キヲ理ニシテ、強キ弱キト傾ブキ、粗《アラ》キ細カナルト云事モ皆偏《ヘン》ナル道ナレバ、他流ノ口奥ト現ハサズトモ皆人ノ知ルベキ義ナリ、我一流ニ於テハ太刀ニ奥口ナク、構ヘニ極リナシ、唯心ヲ以テ其德ヲ辨ユルコト是兵法ノ肝心ナリ

空ノ巻

二刀一流ノ兵法ノ道空ノ巻トシテ書顯スコト

空ト云ハ物毎ニ形ナキ所、知レザル事ヲ空ト見立ルナリ、勿論空ハ空ニシテ無ナリ、有ル所ヲ知リテ無キ所ヲ知ル、是空ナリ、世ノ中ニ於テ惡敷ク見レバ、物ヲ辨ヘザル處ヲ空ト見ル處實ノ空ニアラズ、皆迷ウ心ナリ、此兵法ノ道ニ於テモ武士トシテ道ヲ行フニ士ノ法ヲ知ラザル空ニハアラズ、色々迷ヒ有テ詮方ナキ處ヲ空ト云ナレドモ、是實ノ空ニハアラザルナリ、武士ハ兵法ノ道ヲ慥カニ覺エ、其外武藝ヲ能ク覺エ武士ノ行フ道ニモ暗カラズ、心ノ迷フ所ナク、朝々時時ニ怠ラズ、心意二ツノ心ヲ研キ、觀見二ツノ眼ヲ磨キ、少シモ曇リ無ク迷ヒノ空ノ晴タル所是レ實ノ空ト知ルベキナリ、實ノ道ヲ知ラザル間ハ佛法ニヨラズ世法ニヨラズ、己レ〳〵ハ慥カ成ル道ト思ヒ善キ事ト思ヘ共、心ノ直道ヨリシテ世ノ大ガネニ合セテ見ル時ハ其身其身ノ心贔負、其目〳〵ノヒズミ(ヒガミナリ)ニヨル、實ノ道ニハ背ク物ナリ　其心ヲ知テ直ニ成ル所ヲ本トシ、實ノ心ヲ道トシテ兵法ヲ廣ク行ヒ、正敷明ニ大キ成ル所ヲ思ヒ取テ、空ヲ道トシ道ヲ空ト見ル所也

空有善無惡、智者有也、理者有也、道者有也、心者空也。

正保二年五月十二日

新免武藏守玄信　在判

兵法五法之卷

肥後の太守細川忠利公の命によりて武藏先生が初めて兵法三十五箇條の覺書を自書して奉りしは寛永十八年二月なり、而して五輪書は正保二年に成りしものなれば四年後なり、其の箇條文句の上に於て詳略の差ありと云へども骨子とするところは三十五箇條の外を出でず、故に先生の兵法は此の三十五箇條の覺書を以て根元とし、其他門弟の高足に書與へしもの多少の相違あるも要するに三十五箇條を詳略せしに過ぎず、本文九法書は詰り五輪書を省略したるものにして辭句の間に多少の相違無にあらずと云へども其の精神は全く同一なりと云ふも不可なし、此書は先生が自ら書して門下の最高足寺尾求馬に與へしものなることは末尾に附記せる寺尾の言にて知ることを得べし、故に五輪書を讀むもの更に此書を讀まば彼此相啓發して一層意義の詳かなるを得べし

兵法五法之卷

兵法二刀ノ一流數歲鍛錬仕ル處今始メテ筆紙ニノセ申ス事前後不足ノモノト雖申分候ヘ共常々仕覺エ候兵法ノ太刀筋心持以下任出大形書顯シ候者也

一此道二刀ト名付ル事　道二刀トシテ太刀ヲ二ツ持ツ儀左ノ手ニ左シテ心ナシ、太刀ヲ片手ニテ取リ習ハセン爲ナリ。片手ニテ持得ル時ハ軍陣、馬上、川、沼、細道、石原、人籠、駈走リ、若シ左手ニ道具ナド持タル時ハ不如意ニ候ヘバ片手ニテ取候也、太刀ヲ取候事初メハ重ク覺ユレドモ後ハ自由ニ成候ナリ、タトヘバ弓ヲ射習ヒテ其力強ク、馬ニ乘覺エテハ其力有リ、凡ソ下々ノワザ水夫ハ櫓棹ヲ取テ其力アリ、土民ハ鋤鍬ヲ取テ其力強シ、太刀モ取リ習フ人ハ身ニ應ジタル太刀ヲ持ベキモノナリ

一兵法ノ道見立處ロノ事　此道大分ノ兵法一身ノ兵法ニ至マデ心ハ皆同ジコトナルベシ、今書記ス一身ノ兵法モ譬ヘバ心ヲ大將トシ、手足ヲ臣下郎等ト思ヒ、太刀、刀ヲ歩卒士民トナシ、國ヲ治メ身ヲ修ムル事大小共ニ兵法ノ意ニ同ジ、兵法ノ仕立樣惣體一同

ニシテ餘ル處ナク、不足ノ處ナク、不强不弱、頭ヨリ足ノウラ迄ヒシト心ナクバリ、片ツリナキヤウニ仕立事也

一太刀取樣ノ事　太刀ノ取樣ハ大指人差シ指ヲ受テ丈高指、藥リ指、小指ヲシメテ持候也、太刀ニモ手ニモ生死ト云フ事アリ、構ユル時受ル時、留ル時ニモ肝心切事ヲ忘レテ居付ヲ手足死ルト云ナリ、生ルト云ハ何時トナク太刀モ手モ出合ヒヤスク固マラズシテ切能樣ニ安ラカナルヲ是レ生ル手ト云也、手首ハカラム事ナク、ヒザハ伸スギズ、カヽミスギズ腕ノ上筋弱ク、下筋强ク持ナリ

一身ノカヽリノ事　身體ノ構ヘハ顏ハ俯伏カズ又餘リ仰ノカズ、肩ハサヽズ、ヒツマズ、胸ヲ出サズ、腹ヲ出シ、腰ヲ屈メズ、膝ヲ屈メズ、體ヲ眞向ニシテ、肩張リ廣クシテ見スルモノナリ、常住兵法ノ身卽チ常ノ身ト云フ事能々吟味アルベシ

一足フミノ事　足ヅカヒ時ニヨリテ大小遲速アレドモ常ニ歩ムガ如シ、足ニ嫌フ事、飛足、浮キ足、踏ミ据ユル足、拔足、後レ先ダツ足、是皆嫌フ足ナリ、足場如何程難所ナリトモ介意ナキヤウニ慥ニ落付キ、足ノ出ニ付テ能々吟味スベキ事ナリ

一目付ト云フ事　目ヲ付ト云フ事色々アレドモ今傳ル處ノ目付ハ大抵顔ニ目ヲ付ル也、目ノヲサメ樣ハ常ノ目ヨリモ少シ細キ樣ニシテウラヤカ（朗ラカノ意ナリ）ニ見ル也、目ノ玉ヲ動カサズ、敵合近クトモ如何程モ遠ク見ル目ナリ、其目ニテ見レバ敵ノワザハ不及申兩脇マデモ見ユル目ナリ、觀見二ツノ見樣ハ觀ノ目强ク、見ノ目弱ク見ルベシ、若シ又敵ニシラスルト云フ目アリ、意ハ目ニ付心ハ不付モノナリ、能〳〵吟味アルベシ

一五方ノ構ノ次第

△返ニ切先ニ中段　敵合ヒ遠キ時ハ刀ヲ提ゲ、敵ノ刀屆カヌ程ニヨリ、身ヲ眞向キニ、ロクニ立ナ、（ロクトハ眞直ノコトナリ）左右ノ手ヲ前ニ出シ、太刀大小ノ刄ヲ餘リ立テズ、ヒラメズ（刄ヲ横ニ平タクセヌナリ）、少シスジカエテ（斜ニスルナリ）、懐中ヲ廣ク、少シ大小ヲ組ミタルヤウニ中段ニ持チ餘リ突出サズ、肱ヲカラメズ、コサズ、右ノ太刀先少シ上グル心ニテ、劍尖ノ中筋ニ有ヤウニ搆へ、心ザシノ心ナカロク、心ノ心ヲ殘シテ、敵打出ス心ヲ受ケ、敵ノ打太刀ニ當ラザルゴトク向ノ顔ニ突カケ、敵ニ匠ミヲ失ナハセ、是非モナク打所ヲ切先ヲカエシテ上ヨリ手ヲ打ナリ、其太刀前ニ捨タル如ク提ヤゲテ我身ヲ動カサズ、敵又打カクル所

ナ三分一ニテ下ヨリ手ヲ張ルモノナリ、惣別敵ノ打タント思フ心ノ頭ニ我心ヲツケ、先先ト心ガクルモノナリ、此太刀何レヘモ出合ナリ、能々分別スベシ

△ギダンノ構、上段　ギダンノ構ハ右ノ手ヲ耳ニ比ブルト云フ心、太刀ノ柄先開ク心ナリ、手ノ内シカズ、クツロゲズ、マヘセバニカマユルナリ、左ハサシ出サズ、少シ上中下ノ心ハ敵ノ構ニ有リ、打出ス事遲速淺深輕重アリ、何レモ敵ノ打ニヨルコトナリ、表クジクハ敵ノ手ヲ打ナリ、太刀筋下ヘ打事ナシ、向フヘ打モノナリ、サテ太刀筋喝咄スルトキ太刀ノ刄ヲ立テ敵ノ打處ノ手ヲ突ク心ナリ、カケテ打上ル事、敵ノ太刀ニ當リテモ、當ラズトモ同ジ事ナリ、我手前違ハヌヤウ早ク打事專ナリ、喝咄ツヾク太刀筋ナレバ着ル事モアリ、敵合近クシテハナリガタシ受テ取ナリ、分別スベシ

△ウチヨクノ構、右脇　ウチヨクノ構ハ太刀ヲ右ノ脇ニ捨ル心ニ構ヘ、左ハ高クナグヤウニ手ヲ深ク組ミ、父ヘヌヤウニ持チ、敵打ニ當ル事是三分一ニシテ當ツル、打オトサント思フ時當ル心ニテ少シ下ヲ拔キ筋カヘテ切ルナリ、早キ事肝要ナリ、太刀筋歪ムコトナク直ル所ハ喝咄、切先返シタルベシ

△重氣ノ構、左脇　重氣ノ構ニ二ツノ構ヘ有リ、表トシテハ太刀ヲ前ニ捨テ構ヘ、太刀先左ヘヨセズシテ敵ノ打出スニ三分一ト云フ心ニシテアツル、其ノ當テヤウ我手ヲ上ゲテ敵ノ太刀先ニ手ノ無キヤウニ突キ出シテ當ツル、何レモ太刀筋切先返ヘシニ直ル心有リ、又一ツニハ切先向ニシテ我右ノ足ニ手ヲ付ケ、提サグルト云フ心持ニテ敵ノ心ノ發ル所ヲ打ツ、淺深强弱ハ敵ノ心ニヨルコトナリ、此太刀能々分別スベシ

△スイケイノ構、下段　スイケイノ構ハ太刀先開カズ、左ノ手ヲ突出ダス、左右ノ手フトコロヲ廣ク構ヘ、肱ヲ伸サヌヤウニシテ構ヘ振出スコト、敵ノ打手ヲ筋カヘテ、額ノ上ニ振アゲ打事、敵ノ中筋ヲ打ナリ、前廣ニ打心アリ、左ヘ筋カヘ打ツ事惡シ、太刀筋ハ切先返ヘシニナヲル事ナリ、又事ニヨリウチヨクノ構ニナスコトモアリ、分別スベシ、總テ太刀構五方ニスキズ、敵ヲ打ト云フ事ハ太刀ノ道二ツナシ

一間積ノ事　間ヲ積ルコト他ニハ色々アレドモ今傳ル處別ノ心アルベカラズ、何レノ道ナリトモ其事ニナレバ能ク知ルヽモノナリ、大形ハ我太刀モ我ニアタラント思フベシ、人ヲ討ントスレバ我身ヲ忘ルヽモノナリ、能々吟味スベシ

一心持ノ事　心ハ持ヤウハ緊ラズ、カヽラズ（拘ハラズナリ）、タクマズ（無念無想ナリ）、オソレズ、直ニ廣ク、シテ意ノ心ヲ輕ク、心ノ心ヲ重ク、心ヲ水ニシテ折ニフレ事ニ應ズル心ナリ、水ニ碧潭ノ色アリ、一滴ニモアリ、海洋ニモアリ、能々工夫スベシ

一兵法上中下ノ位ヲ知ル事　兵法ニ身構ヘアリ、太刀ニモ色々構ヲ見セ、強ク見エ早ク見ユル兵法是下段ト知ベシ、又兵法細カニ見エ、術ヲ衒ヒテ拍子ヨキヤウニ見ユ、其品綺羅アリテ見事ニ見ユル兵法是中段ノ位ナリ、上段ノ位ノ兵法ハ強カラズ、弱カラズ、角ラシカラズ、早カラズ、見事ニモナク、悪クモ見エズ、大キニ直ニシテ靜ニ見ユル兵法是上段ノ位ナリ、能々吟味スベシ

一糸カ子ト云事（糸ガ子ハ糸金ナリ、糸ハ大工ノ用ユル墨縄ニシテ、金ハ曲尺、即チ差金ナリト知ルベシ）常ニイトガ子ヲ心ニ持ベシ、（己ガ心ヲ糸金ニシテ萬事ヲ計ルナリ）相手毎ニ糸ヲ付テ見レバ強キ處、弱キ所、直ナル處、歪ム處、張ル處、タルム處、皆見ユルナリ、我心ヲカ子ニシテ眞直ニ糸ヲ引アテ見レバ人ノ心ヨク知ルモノナリ、其カ子ニテ丸キモ、角ナルモ、長キモ、短キモ、歪ミタルモ、直ナルモ能クシルナリ、工夫スベシ

一太刀ノ道ノ事　太刀ノ道ヲ能ク知ラザレハ太刀心ノマヽニ振リガタシ、太刀ノムネヒラヲ辨マヘズ、或ハ太刀ヲ小刀ノ如ク、或ハソクヒ箆ナドノヤウニ粗末ニ仕ツクレバ、肝心ノ敵ヲ切ル時ノ心ニ出合ガタシ、常ニ太刀ノ道ヲ辨ヘテ、重キ太刀ノ樣ニ太刀ヲ靜ニ大切ニシテ敵ニ能ク當ルト云フ事鍛錬アルベシ

一打トアタルト云フ事　打トアタルト云フ事、何レノ太刀ニテモアレ打處ヲタシカニ覺エ、試シ物ナド切ヤウニ思フサマ打事ナリ、又當ルト云フコトハ慥ナル打身見エザル時、何レナリトモ當ルコトアリ、當リニモ強キハアレドモ打ニハアラズ、敵ノ身ニ當リテモ太刀ニ當リテモ又當リ外シテモ苦シカラズ、眞ノ打チセントテ手足ヲ起シ立ル心ナリ、能々工夫スベシ

一三ツノ先ト云フ事　三ツノ先ト云フハ、一ツニハ我敵ノ方ヘ仕懸クル先ナリ、二ツニハ敵我方ヘ仕懸クル時ノ先ナリ、三ツニハ我モ懸リ敵モ掛ル時ノ先ナリ、是三ツノ先ナリ、我掛ル時ノ先ハ身ハ掛ル身ニシテ足ト心ヲ中ニ殘シ、タルマス(倦怠セヌナリ)、張ズ、敵ノ心ヲ動カサズ是懸ノ先ナリ、又敵カヽリ來ル時ノ先ハ我身ニ心ナクシテ程近キ時心ヲ

放チ、敵ノ動キニ隨ヒ其儘先ニナルベシ、又双方一時ニ懸リ合ノ時、我身ヲ強クロク(ロクハ正シクナリ)ニシテ太刀ニテナリトモ、身ニテナリトモ、足ニテナリトモ、心ニテナリトモ先ニナルベシ、先ヲ取ルコト肝要ナリ

一太刀ニカハル身ノ事(カハルハ、代ルニテ身ヲ以テ太刀ニ代フルナリ)　太刀ニカハル身ト云フハ太刀ヲ打出ス時ハ身ハ連レヌモノナリ、又身ヲ打ト見スル時太刀ハアトヨリ打ツ心ナリ、是空ノ心ナリ、太刀ト身ト心ト一度ニ打ツコトナシ、中ニ在ル心、中ニ在ル身ヨク〳〵吟味スベシ

一陰陽二ツ足ト云フ事　陰陽二ツノ足トハ太刀一ツ打内ニ足ハ二ツ運ブモノナリ、太刀ニ乘リ、ハヅレ、繼モ引モ足ハ二ツノモノナリ、足ヲ繼ト云心是ナリ、太刀一ツニ足一ツ、跡ハ居付キハマルモノナリ、二ツト思ヘハ常ニ歩ム足ナリ、ヨク〳〵工夫スヘシ

一劔ヲフムト云フ事　敵ノ打カクル太刀ノ先ヲ足ニテフマユルト云フ心ナリ、敵ノ打カクル太刀ノ落付所ヲ我左ノ足ニテフマユル心ナリ、フマユルトキ太刀ニテモ身ニテモ心ニテモ先ヲカクレバイカ樣ニモ勝ツ位ナリ、此心ナケレバトタン〳〵トタガヒニナリテアシキナリ、足ハクツログルコトモアリ、劔ヲフムコト度々ニハアラズ、能々工夫ス

べシ

一陰ヲオサユルト云フ事　陰ノ影ヲ押ユルト云フ事、敵ノ身ノ内ヲ見ルニ心ノ餘リタル所モアリ、不足所モアリ、我太刀モ餘リタル所ヘ氣ヲ付ルヤウニシテ、足ラヌ所ノ陰ニ其儘ツケバ敵拍子マカヒテ（亂レテナリ）勝ヨキモノナリ、サレドモ我心ニ殘シ打所ヲ忘レザル所肝要ナリ、工夫アルベシ

一影ヲ動カサズト云フ事．　影ハ陽ノカゲナリ、敵太刀ヲ控ヘ身ヲ出シテ構ユル時、心ハ敵ノ太刀ヲ恐レ、身ヲ空ニシテ敵ノ出タル所ヲ太刀ニテ打バ必ズ敵ノ身動キ出ルナリ、動キ出レバ勝ツコトヤスシ、昔ハ無キコトナリ、今ハ居付心ヲ嫌ヒテ出タル所ヲ打ナリ、ヨク〱工夫スベシ

一弦ヲハヅスト云フ事　弦ヲハヅストハ敵モ我モ心引ハルコトアリ、身ニテモ、太刀ニテモ、足ニテモ、心ニテモ、早クハヅスモノナリ、敵思ヒヨラザル所ニテヨク〱ハヅル丶モノナリ、工夫アルベシ

一尾櫛ノヲシヘノ事　尾櫛ノ心ハ結ボルヲ解クト云フ義ナリ、我心ニ櫛ヲ持テ敵ノ

スボラカス所ヲソレ〲ニ隨ヒ解ク心ナリ、結ボルト引ハルト似タレドモ引ハルハ强キ心、結ボルハ弱キ心、ヨク〱吟味アルベシ

一拍子ノ間ヲ知ルト云フ事　拍子ノ間ヲシルハ敵ニヨリ早キモアリ、遲キモアリ、敵ニ隨フ拍子ナリ、心遲キ敵ニハ太刀合ニナルト我身ヲ動カサズ、太刀ノ起リヲ知ラセズ、早ク空ニアタルコト一拍子也、敵氣ノ早キニハ我身ト心ヲ打チ、敵動キノ後ヲ打コト是ヲ殘シト云ナリ、又無念無想ト云フハ身ヲ打ヤウニナシ、心ト太刀ハ殘シ、敵ノ氣ノ間ヲ空ヨリツヨク打ツ、是レ無念無想ナリ、又後レ拍子ト云フハ敵太刀ニテ張ラントシ受ケントスル時、如何ニモ遲ク中ニテ淀ム心ニシテ間ヲ打コト是レ後レ拍子ナリ、ヨク〱工夫スベシ

一枕ヲ押ユルト云フ事　枕ヲ押ユルト云ハ敵太刀ヲ打出サントスル氣ザシヲ受ケ、打ント思フ其ノウノ字ノ頭ヲ空ヨリ押ユルナリ、其ノ押ヘヤウハ心ニテモ身ニテモ太刀ニテモ押ユルモノナリ、此氣ザシヲ知レバ敵ヲ打ニモヨシ、入ニモヨシ、ハヅスニモヨシ、先ヲカクルニモヨシ、何レニモ出合フ心アリ、鍛練肝要ナリ

一ネバリヲカクルト云フ事（ネバリハ粘ナリ、粘着シテ敵ノ太刀ヲ苦シムルナリ）　粘リヲカクルトハ敵ニ太刀ヲ打カケ、敵太刀ニテ受ケ早クハヅサントスル時、心ヲ太刀ニツケ、粘ルナリ、斯クスレバ敵ノ先ノ拍子違フナリ

一景氣ヲシルト云フ事　景氣ヲシルト云ハ其場ノ景氣、其敵ノ景氣、浮沈淺深强弱ノ景氣能々知ルベキモノナリ、糸カネト云ハ常々ノ義、景氣ハ卽座ノコトナリ、時ノ景氣ヲ見受ケナバ前ニ向フテモ勝チ後ニ向テモ勝ツ、能々工夫スベシ

一敵ニ成ルト云フ事　我身ヲ敵ニナリテ思フベシ、或ハ一人取籠リ、又ハ大敵カ、其ノ道達者ナル者ニ逢フカ、敵ノ心ノ堪ヘガタキヲ思ヒトルベシ、敵ノ心ノ迷フヲ知ラズシテ弱キヲモ强キト思ヒ、道不達者成者モ達者ニ見ナシ、小敵モ大敵ト見ル、利無キ敵ニ利ヲ取付ルコトアリ、我レ敵ニナリテヨク分別スベキナリ

一殘心放心ノ事　殘心放心ハ事ニヨリ時ニ隨フモノナリ、我太刀ヲ取テ常ニハ心ノ心ヲ放チ、心ノ心ヲ殘スモノナリ、又敵ヲ慥カニ打時ハ心ノ心ヲ放チ、意ノ心ヲノコス、殘心放心ノ見立色々アルモノナリ、能々工夫スベシ

一縁ノアタリト云フ事　縁ノ當リト云ハ敵太刀ニテ切カクルニ其間近キ時ハ我太刀ニテ張ルコトモアリ、ウクルコトモアリ、當ルコトモアリ、受クルモ、張ルモ、當ルモ、敵ヲ打太刀ノ縁ト思フベシ、切ルモ外スモ、突クモ皆打ン爲ナレバ、我身モ心モ太刀モ常ニ打タル心ナリ、ヨク〳〵吟味スベシ

一シツカウノツキト云フ事（シツコウハ漆膠ナリ、敵ノ身ニ我身ヲ密着セシムルナリ）シツカウノ突トハ敵ノ身側ニヨリテノコトナリ、足腰カシラ迄モ隙ナク能ク着キテ、漆膠ニテ物ヲ着クルニ譬ヘタリ、身ニ着カヌ處アレバ敵色々ワザヲスルコトアリ、敵ニツク拍子枕ノオサヘニシテ靜ナル心ナルベシ

一シツカウノ身ト云フ事　シツカウノ身、敵ニ着ク時左右ノ手ナキ心ニシテ敵ノ身ニ着クベシ、惡クスレバ身ハ退キ手ヲ出スモノナリ、手ヲ出セバ身ハ退クモノナリ、若シ左ノ肩肱迄ハ役ニアルベシ手先ニ心アルベカラズ、敵ニ着ク拍子ハ前ニ同シ

一タケクラベト云フ事（タケクラベハ身材比ベナリ敵ノ身ノタケト我身ノタケト比ベルナリ）タケヲ比ブルト云フ事ハ敵ノ身側ニ付時、敵ト身材ヲ比ブルヤウニシテ我身ヲ延バシテ敵ノ身材ヨリ我身材高クナル心、

身側ヘ付拍子ハ何レモ同意ナリ、ユク／＼工夫スベシ

一扉ノ教ヘト云フ事　扉ノ身トハ敵ノ身ニ付時、我身ノ幅ヲ廣ク直ニシテ敵ノ太刀モ身モ立カクス樣ニナリテ、敵ト我身ノ間隙ナキヤウニ付ベシ、又身ヲソバメル時ハ如何ニモ薄ク直ニナリテ敵ノ胸ニ我肩ヲ強ク當ツベシ、敵ヲ空ニタラス身ナリ、工夫スベシ

一將卒ノ教ノ事　將卒ト云ハ兵法ノ理ヲ身ニ受ケテハ敵ヲ卒ニ見ナシ、我身ハ將ニナリテ敵ニ少モ自由ヲサセズ、太刀ヲ振センモ、スクマセンモ皆我心ノ下知ニ付テ敵ノ心ニ匠ミヲ失ハセ業ヲサセザルヤウニアルベシ、此事肝要ナリ

一有構無構ノ事　有構無構ト云フ事、太刀ヲ取テ身ノ中ニ置ク所、何レモ構ユル心アルニヨツテ太刀居付身モ居付モノナリ、所ニヨリ事ニ隨ガヒ何レニ太刀ハアリトモ構ユルト云フ心ナリ、敵ニ相應ノコトナレバ上段ノ内ニモ三ツノ色アリ、中段ノ内ニモ下段ニモ三ツノ色アリ、左右脇マデモ同ジ心ナリ、能々吟味有ベシ

一場ノ次第ト云フ事　場ノ位ヲ見分ル所場ニ於テ日ヲ負フト云フコトアリ、日ヲ後ニナシテ構ユルナリ、若シ所ニヨリテ日ヲ後方ニスルコトナラザルトキハ右脇ニ日ヲナス

ヤウニスベシ、座敷ニテモ明リヲ後ロ又右脇トナスコト同前ナリ、後ノ場ツマラザルヤウニ左ノ場ヲクツコゲ、右ノ脇ノ場ヲ詰メテ構ヘヌキコトナリ、夜ニテモ敵ノ見ユルトコロニテハ火ヲ後ニ負ヒ、明リヲ右脇ニスルコト同前ト心得テ構ユベキモノナリ、敵ヲ見下スト云テ少モタカキ所ニ構ユルヤウニ心得ベシ、座敷ニテハ上座ヲタカキ所ト思フベシ、扨戰ニナリテ敵ヲ追廻ハスコト我左ノ方ヘ追マハス心、總テ難所ヲ敵ノ後ロニサセ、何レニテモ難所ヘ追カクルコト肝要ナリ、難所ニテ敵ニ場ヲ見セズト云フテ、敵ニ顏ヲフラセズ油斷ナクセリツムル心ナリ、座敷ニテモ鴨居戸障子椽ナド又柱ナドノ方ヘ追ツムルニモ場ヲ見セズト云コト同前ナリ、何レモ敵ヲ追カクル方足場ノワルキ所、又ハ脇ニカマヒノアル所、何レモ場ノ德ヲ用ヰテ場ノ勝ヲ得ルト云フ心專ナリ、能々吟味シ鍛練アルベキ者ナリ

一多敵ノ位ノ事　多敵ノ位ト云フハ一身ニシテ大勢ト戰フ時ノコトナリ、我刀脇差ヲヌキ左右ニ廣ク太刀ヲ横ニステヽ構ユルナリ、敵ハ四方ヨリカヽルトモ一方ヘ追ヒ廻ハス心ナリ、敵カヽル位ヰ前後ヲ見分ケテ先ヘ進ムモノニ早ク行合ヒ、大キニ目ヲ付ケテ

敵打出ス位ヲ得テ、右ノ太刀モ左ノ太刀モ一度ニ振違ヘテ、行ク太刀ニテ其敵ヲ切リ、戻ル太刀ニテ脇ニ進ム敵ヲ切ル心ナリ、太刀ヲ振リチガヘテ待ツコト悪シ、早ク両脇ノ位ニ構ヘ敵ノ出タル所ヲ強ク切込ミ追崩シテ其マヽ又敵ノ出タル方ヘカヽリ振崩ス心ナリ、如何ニモシテ敵ヲ一重ニ魚ツナギニオヒナス心ニ仕カケテ、敵ノ重ナルト見バ其ママ間ヲスカサズ強ク拂ヒ込ムベシ、敵合コム所ヒタト追廻ハシヌレバ捗行キガタシ、又敵ノ出ヅル方〳〵ト思ヘバ待心アリテ捗行キガタシ、敵ノ拍子ヲ受ケテ崩ルヽ所ヲシリ勝コトナリ、折々相手ヲ數多寄セ追込ミツケテ其心ヲ得レバ、一人ノ敵モ十、二十ノ敵モ心ヤスキコトナリ、能ク稽古シテ吟味アルベシ

一岩尾ノ身トナル事（岩尾ハ嚴ノ義ナリト知ルベシ） 岩尾ノ身ニナルト云フハ動クコトナク強ク大キニナル心ナリ、自カラ萬理ヲ得テ盡キセヌ事ナレバ生アル者ハヨク心有リ、降雨吹風迄モ同ジコトナリ、石ニ精アリ心ハナシ、能ク〳〵吟味アルベシ

一機ヲ知ルト云フ事 機ヲ知ルト云フハ早キ機ヲ知リ、晩キ機ヲ知リ、遁ルヽ機ヲ知リ、遁レザル機ヲ知ルコトナリ、一流ノ直通ト云フ極意ノ太刀アリ、此コト口傳ナリ

一萬理一空ノ事　萬理一空ノ處、書顯ハシガタシ自ラ工夫可有者也、

書付ル處一流ノ劍術大形此ノ書ニ記シ置クコトナリ、右兵法太刀ヲ取テ人ニ勝所ヲ覺ユルハ、先ヅ五ツノ表ヲ以テ五方ノ構ヲ知リ、太刀ノ道ヲ覺エテ總體柔ラカニナリ、心ノ機ニ出テ道ノ拍子ヲシリ、己ト太刀モ手サエテ身モ足モ心ノマヽニ解ケタル時ニ隨ヒ、一人ニ勝チ二人ニ勝チ兵法ノ善惡ヲ知ル程ニ成リ、此一書ノ內ヲ一ケ條〱ト稽古シテ敵ト戰ヒ、次第〱ニ道理ヲ得テ絕エズ心ニカケ、忩心ナクシテ折々手ニ觸テハ德ヲ覺エ、何レノ人トモ打合ヒ其心ヲ知テ千里ノ道モ一足ヅヽ運ブナリ、ユル〱ト思ヒ此法ヲ行フコト武士ノ役ナリト心得テ、今日ハ昨日ノ我ニ勝チ、明日ハ下手ニ勝チ、後ハ上手ニ勝ト思ヒ、此書物ノ如クシテ少モ脇ノ道ヘ心ノ歪マヌヤウニ思フベシ、縱令何程ノ敵ニ打勝テモ習ヒニ背クニ於テハ眞ノ道ニ有ベカラズ、此理心ニ浮ミテハ一身ヲ以テ數十人ニ勝ツ心ノ辨ヘ有ベシ、然ル上ハ劍術ノ智力ニテ大分一分ノ兵法ヲモ得道スヘシ、千日ノ稽古ヲ鍛トシ萬日ノ修行ヲ練トス、能々工夫アルベキ者也

右四十二ケ條

新免武藏守　藤　原　玄　信　判

寛永十八年二月朔日

此書タルコト玄信先生若年ヨリ此道ニ志シ、諸能諸藝ニ渡リ、其道々ニ於テモ兵法ノ道理ヲ以テ自ラ其ノ極意ヲ得、天下ニ名ヲ發スル兵法者ニ打勝チ、其後日本國於ニ所々一對ニ兵法之達者一眞劍木刀ノ勝負六十餘度ニ及ブト云ドモ一度モ不レ失ニ其利一、イヨ〱深遠ニ至ラントト朝鍛夕練シテ、歳五十ニシテ直通至極ニ到リ、是ヨリ尋子入ベキ理モナク光蔭ヲ送ル、此時迄ハ兵法ノ書タルコトヲ顯ハサズ、干茲前肥州ノ太守羽林忠利公此道數寄玉フ故、諸流ノ兵法稽古シ玉ヒシニ、其頃天下無雙ノ聞エアル劍術ノ兵法柳生但馬守一流ノ奥義ヲ究メラレ、恐クハ此理ニ誰カ如ク者アラントト自贊シ玉ヒ、先生ト力ヲクラベラル丶ニ一度モ勝利ナシ、因レ茲初メテ驚テ兵法ヲ先生ニ尋玉フ、先生ノ曰ク、兵法ノ心法何レノ流ニヨラズ至誠ノ道ハ我ナス處ニ隨ハザレバ眞ノ道ニアラズト、公ノ曰ク、吾不敏ナリト雖モ必ズ此道ヲ傳受セントト、因レ茲初テ此書ヲ作リ奉二授與一因ヲ先生親敷公ニ兵法ノ道ヲ説クニ

公幸ヒニ兵法ヲ知ルニヨリ卽時ニ道理通達シ、吾若年ヨリ劍術ニ志シ諸流ヲ試ミ鍛練セ

シテ一ツモ眞ノ道ニアラズ、多年ノ修行此ニ敗レ無トスル哉ト感ジ悦ビ玉フコト不レ斜、然ニ吾信行如何ナル宿縁ニテカ先生ノ志シ他ニ異ニシテ因縁深カリケレバ、此道ヲ稽古シ先生ノ心源ヲ移シ得テ道ヲ得タリ、先生ノ曰ク、吾一朝ニシテ千君萬卒ニ此道ヲ指南スト雖ドモ一人モ眞道ニ移ラズ、眞道ヲ得ザレバ誠ノ傳受顯スコトナシ、信行兵法ノ智賢ク一ヲ以テ十ヲサトル、其器萬人ニ超タルガ故ニ兵法ノ通利自在ヲ得コト珍ナル哉、妙ナル哉ト感ゼシメ玉フ、去レドモ此道タルコト劍術ノ法ニチガヒテ好ク人稀ニシテ尋ヌル者無シ、尋ヌレドモ眞實ノ志ヲ以テセズ、心ヲ心トスルノ道ナレバ不レ隨二人之心一言《モノイ》フベカラズ、鼻ヲ以テ口トスルニ不レ如ト深ク祕シテ數歳ヲ經、闇々トシテ不知ガ如ク光陰ヲ送ル、于茲自信形安東之性平正俊ヲ友トシテ多年兵法ヲ修得シ、此便利一生ニ得ンコトヲ願フ、眞實ノ志吾是ヲ知レリ、志ノ切ナルハ必然トシテ至ルコトアリ、何ゾ誤ント兵法ノ眞理ヲ説顯ハシ直通傳受ノ口傳於二指南一一トシテ無二殘《ル》事一相傳シ、巳ニ令レ到二至極之道一、因レ茲此師傳ノ書ヲ與フ世ニ稀ナル所ナリ、萬理一空、非通無應ナレバ名號《ケテ》二實相圓滿之兵法一、逝去不絶二天一流一矣

寛文六丙午歳中秋中旬之日

寺尾求馬信行

兵法心氣體覺書

戰機　二天流

武藏流修行心得之事

二刀一流極意條々

是等の書は必ずしも武藏先生の自著にはあらず、門人等が師の說を聞き平常心に記し手に存するところを傳へ記したるものなり、故に其の言全く師說と同じく毫も異說ある無しと云へども、中には自ら門人自己の見識を以て師說を咀嚼解說して多少の工夫を見るもの無きにあらず、此意を以て之を讀まば劍道を學ぶに於て利するところ少なからざる可し、書中淺井新右衞門榮廣とあるは、武藏流を汲みたる一劍道家にして岡島要右衞門好和に學び、岡島は志方之唯に、之唯は新免辨之助玄直に、玄直は志方之鄉に學びたるものなるが之鄉の父半兵衞之經の師は實に先生第一の高弟寺尾求馬信行の四男新免辨助信森の實弟なり

兵法心氣體覺書

一ツリ、イツキ、カタマリ、リキミ、スクミ、シマリ、ユルミ、大方如此ハ兵法病之自由ナラザル事ナリ、譬ヘバツリハ筋ナドノツリ、ハエタル糸ノツリタルヤウナリ、イツキハスハリテ立ニクキヤウナリ、カタマリハ水ノ氷タルヤウナリ、スクミハ居スクミ病ニテ足ナドノスクミタルヤウナリ、此ノシマリハ、クサビシムルト云コト丶ハ大ニ違フナリ、ユルミハ弱ミ怠ナリ、太刀ヲ取テ立氣體ヲ吟味シテ一々トキホドキ、氷ノトケテ本ノ水ニナリタル如ク自由之體ニ可成ナリ、打込テ太刀ノヒシ〱トスル事ツリシマリナリ、

二六目之先ニナリニクキ事ナリ

一心氣間斷ナキ事、第一間斷ハ絶間《タエマ》切間《キレマ》也、達人ハ間斷ナシ、其以下ハ位ノ品段ニヨリ切間モ多少アル事ナリ、能々心ヲ吟味シテ大キナル透間ナキヤウニスルナリ、絶間覺ユルハ修行工夫ノ印《シルシ》ナリ、達人ハ敵ノ心氣僅ノ間斷モ氣ニ通ジテ其切間ノ圖ヲスカサズ勝ツ事ナリ、道ヲ不知人ハ奇妙不思議之事ニ思ヘドモ不思議ハナシ、不鍛錬ナレバ間

一位ヲ靜ニシテ心ヲ治レハ敵ノ事能ク見ユル者ナリ

ナリ

一心氣體一ツモツレ行ハ眼見エズ、敵之虚實見分カザルモノナリ、ハマル事大ニ嫌フ事

キ拍子ハナル事ナリ、工夫分別入事ナリ

スルナリ、靜ニ和シタル位ヨリ早キ拍子强キ拍子ハ出ルナリ、腹ト足ノ踏ミヤウニテ早

スル事ナラズ、敵ノ立直シ心ニ先ヲ待タル所ニ圖ヲヌカシ、打タリ入タリスル故大負ヲ

リ、敵ノ心氣ノ出ル頭、入ルトコロ、思フ頭、匠ム所都テ間斷眼ニカヽリテモ心ノ儘ニ

ナレバ靜ニスレバ心氣體緩ニシテ眠リタルヤウニ惰氣ニ落入リ弱クナリ、死氣死體ニナ

一位ヲ靜ニシテ心ヲ治ムル工夫之事、位ヲ靜ニシテ氣ヲ發スル工夫之事、但シ工夫不足

早シテハ心法之吟味ナリニクシ

一稽古最初ニ體早クスルハ、靜ニシテハ勢氣發シカヌル故ナリ、其レモ人ニヨル事、體

ヲ負《マケ》ニナル事ヲ覺リ、其誤ヲ早クトリ直スナリ

斷ヲ見付ケザルナリ、見ツケテモ圖ヲスカス故勝タザルナリ、功ノコキタル兵法ハ絶切《タエキレ》

一足間廣ク踏ハ自由ナリニクシ、體モ氣モ丶ユルヅカシ、餘リセバケレバ悪シ、敵ノ心氣崩ル時入込時ハ大足ニフミ、亦飛掛リモスルナリ、一ガイニハ定メガタシ、敵ニヨル事ヅカシ、猥ニ無用ノ足一足モ踏ズ慥カニ先ノ足ヲ踏ムベシ、足亂ルレバ心氣慥カナヲズ、猥リニ無用ノ足ヲフムハ大負也

一心氣體之三ツナツカイ分ケル事ナリ、分カラザレバ心ハ體ニツレズト云事、如何ニ體早キ時ニ心ハ早カラズト云事、體ヲ掛リテ心ヲ殘スト云事、殘心放心ノ事、體ニテ先ヲシカケテ敵ノ氣ヲ破ル事、體ヲハゲシク働カシテ心ノ動キ亂レザル事、心氣體ワカラザレバ不レ成事ナリ、工夫分別要ル事也

一氣之伸ト氣ノ越ト仕分ル事

一氣ヲ放シカクルト氣ノサキダツト仕分ル事

一恐ルレバ縮テ勇氣不レ發、敵之氣サカンニナル也

一心氣體之死生吟味シテツカイ覺ル事ナリ、悪ク心得バ死ニナル也

一心强クナリ不動シテ靜ニ、油斷ナク間斷ナク、功意ナク、時明ニナル事大本也

一氣ヲ強ク發シテ氣之勢之事

一眞中ニ立體之事、腹ヲ出シ體之勢ヒ之事

總而不足モ、過ルモ、片付思ヒモ惡キ事ナリ、一條一理ヲ聞テハ二ツモ三モ見行クヤウニ工夫スルナリ、管ニテ天ヲ覗キ箱ノ内ニ居ルヤウニ狹々敷シテハ成リガタシ、大ニ眼ヲツケテ萬理ニ推シ廣ムルナリ、亦小キ事モ可レ知、委ク不レ見バ兵法大荒目也、習ヒ覺エタル迄ニテハ假物ナリ、自分之兵法自分ニ直シ、自悟シテ我物ト爲スベキナリ、心智直正ナレバ見誤マジキコトナリ

稽古心得

△稽古ヲバ疑ホドニ工夫セヨ解タルアトガ悟ナリケリ

無智不器量大ナリ

△ウカ〳〵ト吟味モナクテ習フヲバ何ヲ相手ニ敎フベキカハ

△物ゴトニ疑ヒ深キ其人ハ疑ヒノミデクラシコソスレ

此疑者曲リテ昏愚ノ人ナリ

疑ハ道ノ病ナリ

古語　小疑之下有二小悟一
　　　大疑之下有二大悟一

△不器用モ器用モトモニ實有テ功ガツモレバ道ヲ知ルベシ

戰機二天流

寒流帶レ月澄如レ鏡

師之口傳曰

一敵ヨリ出テモ此方ヨリ出テモ、一歩始ル處則チ勝ナリ、亦曰惡事仕盡トキハ可負様ナシ、一切ノ惡鋪仕盡ユヱガ祕事也

一三ノ色トハ敵ノ動ニ從テ應ズルヲ云ナリ、敵ノ來ルカ引カ居付カノ三ツノ色ナリ、是大事也

一太刀ノ德ヨリシテ身ヲ治メ世ヲ治ル事ナレバ、兵法ハ道理ノオコル根本也

一打合ノ利ノ事、此打合ノ利ニテ兵法太刀ニテノ勝利ヲ極ル處ナリ、兵法ノ實ヲ顯ハス太刀ナリ

此兵法ニ身ヲナスコト肝要ナリ、能々鍛練スレバ兵法心ノ儘ニ成テ思儘ニ勝ツ道ナリ、工夫第一ナリ

一底ヲ拔ト云コト太刀ニテモ身ニテモ心ニテモ拔クナリ、底ヨリ崩レタルハ我心ヲ殘スニ不レ及、左ナキ時ハ殘ス心ナリ、殘ツテハ敵崩レガタキコトナリ、能ク鍛練可有之ナリ、

一我兵法實ノ道故、敵ト戰ヒ勝ツコト常住ノ修行ニ心聊カハルコト不可有ナリ、直ナル處行フ故ニ勝ツコト疑ヒ有ルベカラズ

一一拍子トハ我レ敵ニ當ルノ位ヲ敵ノ未ダ辨ヘヌ中ニ心ニ得テ、我身モ動カズ、心モ付カズ、如何ニモ早ク直ニ打拍子ナリ、敵ノ太刀引ン、張ラン　打ント思フ心ナキ内ヲ打ツ拍子、是レ一拍子ナリ

一無念無想ノ打ノ事、敵モ打ントシ、我モ打ント思フ時、心モ身モ打心ニナリテ空ヨリ後バヤニ强ク打ツコトナリ、一大事ノ打ナリ、能々習ヒ得テ鍛練可レ有者ナリ

一流水ノ打ノ事、敵アヒニ成テ迫リ合フ時、敵早クハヅサン、早ク太刀ヲ張リノケントスル時、我身モ心モ大ニ成テ太刀ヲ我身ノアトヨリ如何程モユル〱ト淀ミノ有樣ニ

大ニ強ク打ツコトナリ、此打チ習ヒ得バ慥ニ打ヨキモノナリ、敵ヲ見分ルコト肝要ナリ

一石火ノ當リト云フコト、此當リハ敵ノ太刀ト我太刀ト突合程ニテ、我太刀少シモ上ラズシテ如何ニモ強ク打ツナリ、是ハ足モ強ク身モ強ク手モ強ク三所ヲ以テ早ク打ツベキナリ、此打チ度々打チ習ハズシテハ打チ難シ、能工夫スベキナリ

一太刀ニカハル身ト云フコト、身ハ行カズ太刀ニテ打コトハアレドモ大方ハ身ヲ先キニ打チ、太刀ヲ後ヨリ打ツモノナリ、能々吟味シテ打チ習フベキ者ナリ

一身ノ當リノコト、敵ノ身ギハニ入リ込テ身ニテ敵ニ當ル心、我面ヲソバメ、我左ノ肩ヲハヅシ、敵ノ胸ニ當ルナリ、當ルコト我身ヲ如何程モ強クナリテ當ルコトナリ、相拍子ニテハズム心ニ入ベシ、此コト習ヒ得テハ敵二間モ三間モハネノクル程強キモノナリ

一三ツノ受ケノコト、一ツハ敵ニ入込ムトキ敵ノ打出ス太刀ヲ受クルニ、我太刀ニテ敵ノ目ヲ突様ニシテ、敵ノ太刀ヲ我右ノ肩ニ引ナガシ受クルコトナリ、亦強キ受ケハ敵ノ打太刀ヲツク様ニシテ首ヲハサム心ニテ突カケ受クルコトナリ、亦敵ノ打時短キ太刀ニテ受クルニ、太刀ニハカマワズ我左ノ手ニテ敵ノ面《ツラ》ヲ突ク様ニシテ入込ナリ、是レ三ツノ

受ケナリ、左手ノニギリコブシニテ面ヲ突クヤウニ思フベシ、能々可レ有ニ鍛練一ナリ
一面ヲ◦ストト云フ事、敵ト立合ニナリテ、敵ノ顔ヲ我太刀先ニテツク心ナリ、敵ノ面ツ
ク心アレバ敵ノ身モノルモノナリ、戦フ内ニ敵ノ身ノル心アリテハ早ヤ勝ツ所ノ位ナリ
一ハリ受ノ事、敵ノ打所ヲ我太刀ニテ張リ受クル心ハ左ノミキツク張ルニアラズ、敵ノ
打太刀ヲハリテ張ルヨリ早ク敵ヲ打ツ、張ルニテ先ヲトルコト肝要ナリ、張ル拍子宜ケ
レバ敵ナシト強ク打モ少シ張ル心アレバ太刀先ヲツルコトナシ
一合ウ拍子ヲ知リ逢フ拍子ヲワキマヘ、大小遲速ノ拍子ノ内ニモ當ル拍子ヲ知リ、間ノ
拍子ヲ知テ背ク拍子ヲ知ルコト兵法ノ專ナリ、此背ク拍子辨ヘズシテハ兵法タシカナラ
ザルコトナリ、敵ノ思ヒヨラザル拍子ヲ以テ空ノ拍子ヲ實ノ拍子ヨリ發シテ合フ所ナリ
祕スベシ〳〵

武藏流修行心得之事

一平日之稽古麁末無ク、行儀正シク少シモ雜氣無ク、一心不亂變動無レ之、心氣慥カニ落着修行第一之事

一常ニ稽古之節少シモ懈ミ無クスラ〳〵ト修行可致事

一中段之位者上ノ形ハ和ラカニ靜ニ見ユルトモ底ノ心ヲ拔シ申サズ、先ヲ持候トコロ平生之心持肝要之事

一相口者細利ヲ望ムハ宜シカラズ、氣ヲ大ニ持チ專ラ先ヲ第一ニ致スベシ、併シ我情強ク有リテハ本心之覺悟ニ違ウ物ナリ、極マル所唯一討ニ相決シ候ヤウニ致シ候、併シ手前之氣相治ラズシテハ成リガタシ、何レ先ヲ拔カシ不申仕懸ケ向ヲ受候而勝附ク時者後ニ成リ痿痺《シヒンゲ》氣ナド付物ナリ、都テ相口ノ勝負ハ三先ニテ始終之位相極リ居ルナリ、此段能々心ヲ附ケ工夫スベキナリ

一武藏一流之儀者平日ニ氣ヲ治メ、天理ニ違ヒ不レ申處則チ極意ニテ、兵法之道理ニ叶申

儀自然之妙用也

無二他念一致二修行一悪心之發申候處ヲ中段ノ意味ニ而吟味致シ心行專一之事

天保九年十一月十九日　淺井先生ノ仰ニヨリテ之ヲ控ヘ置ク

右先生ヨリ同十年九月二十七日於四方地在三心之書在我傳同年十月八日ヨリ御病氣差發リ同月十八日ノ夜酉ノ下刻ニ七十四歳ニ而御卒去御墓所出町内妙敎寺

御俗名　淺井新右衛門榮廣

御法名　泰達院淸勇日行居士

右三心之書弘化四年五月十九日於二私宅一志方半彌ト傳申候事

二刀一流極意條々

一放心ヲ嫌フ事　別書ニモ書キケレドモ爰ニ又書附也、己ヲ治ルニモ國家之政事ニモ兵法太刀ヲトルニモ放心ハ大ナル誤也

此書附ハ一身太刀ヲトルノミヲ謂ナリ、荒々云フ餘ハ推テ可知也、心殘ラズ敵ニ附テ放《ホウ》心見《シンケン》ノ目《メ》ニテ見ルユヱ敵ノ面體許ヲ目ガケテ、刺ント打ントスルユヱニ放心ニナリテ、一身夢中ノ如クニ成ル也　カク云トテ敵ヲ目ニテ見ズト云ニテハナシ、敵色ヲ見分クベキナリ、故ニ見観二ツノ見ヤウ、見ノ目ヲ輕ク、観ノ眼ヲ强ク觀ルト云事有リ、見ト云ハ目許ニテ見ル事也、観ト云ハ心ニテ觀ル觀智ノ事也、精神腹ニ治テ强ク成ル氣ヲ發シテ見ルモノ也、如是ナレバ心法丈夫ニテ眼モ明ニ能働ク也、放心セマジトテ心狹々敷成ル間敷也　少シモ窮屈ナル事ニテナシ、勢大ニ可心得也、敵之體バカリヲ見テ只々打ン指ントスルユヱ、指バ打チソムケラレ、打バ抑ヘラレ、上ヲ切レバ下ヲ切ラレ突レナドスル也、然ルニ如何シテ勝ゾトナラバ、敵ノ心氣ノ動トコロ、出頭入トコロ、張頭タル

ムトコロ、サキダツトコロ、ダル丶トコロ、ハマルトコロ、見合スルトコロ、落シ入レントスルトコロ、ダマシタブラカサントスルトコロ、打ントスル頭、打タルアトヲスカサズ太刀ノ構身ノ構ヲ構ユルトコロ、太刀ヲ上ゲ下ゲスルトコロ、太刀ヲトリ直ストコロ、足踏ミカユルトコロ、スベテ心氣ノ變ジ替ルトコロスカサズ指破リ打破リ入詰メ勝者也、殘ラズハ難二書附一、智力募レバ悉ク知ルベキ也、勝ツ事先後ノ二ツ也勝ノ々先、又ハ後ノ勝也、先ハ頭ヲ勝チ、後ハ打トコロヲヒツパヅシ、打ハヅサセテ、ハヅル丶ト一同ニ踏ミ付テ勝トコロ也、此二ツノ間ノ變化ノ拍子限リナキ者也、是モ智力募レバ可知ナリ、彼ヨリ此方ノ心氣ヲ引出シ放心サセントテ色々ノ業ヲ仕懸ルナリ、色々ノ術ヲ仕懸ル事ハ別書ニ書附置タル也、種々ノ事ヲ仕懸ルホド早ヤ勝ツトコロ也、勝ヨキ者也左様ノ事ヲセザル程ノ者コソハ六ケ敷相手也、夫ホドノ敵ニハ夫ニ應ジテ勝ツ也、總ジテ勝事ハ敵ノ誤ル處ヲ勝ト可心得也、故ニ己ガ心氣體ヲ正整ニスル事第一也、常ニ三ツノ者ノ誤ヲ直シ敎ル也

一殘心放心之事　此儀ハ動靜ノ道、戰ノ用ヲナ事ス也、殘ハ靜也、放ハ動ナリ、打圖

ヲ打放也、放ト一同ニ腹慥ニナル是殘ナリ、斯ク云トテ打時腹慥カナラズト云ニハアラズ、尤モ功ノユカヌ間ハ打ニツレテ腹ノ精ヌクル事アル也、殘放動靜トイクラデモ盡ル事ナシ、陽ニ發シ陰ニ治ル、陰中ニ陽ヲ生ジ、陽中ニ陰ヲ生ジ、自然トツキル事ナキ處也、イツ迄モ陰　イツ迄モ陽ニテハ通ラヌナリ、靜ノ中ニ動生ジ、動ノ中ニ靜生ズ、動靜ニ極リナシ、敵ニヨツテ宜シキヲ用ル也、盡クベキ者ニアラズ、功ユカバ自然ト可知ナリ、奧ニ荒々書附タリ、是ハ殘放ヨリ動靜ニ遷ル變化ヲ云タルナリ、或ハ又殘放ヲ呼吸ト思ハヾ合點行カザルベキカ、但呼吸モ極リアルベキカ、如何ニ急ニ殘放スルトテモ節《フシ》之レ有リ、緩ヤカニ殘放スル處モアリ、急ナル處モ可有也　又殘心放心ノ習ヒ別ニ有也、重ル緣ニヨツテ云フベキ也、殘心放心ハ戰ノ利方專ナル者也　他流ニ詰テ息ヅカヒヲシ、太刀ヲ切リ分ルトヤラン定テ腹ノ息ノヌケザルヤウニトノ事ナルベシ、何トヤラン窮屈ナルヤウニモ聞ユレドモ、仕馴タランニハ左ハ有間敷カ、是ヨリ左ニ云別ル事有也　世ノ中ノ物欲等ニ心移リ放心スル事有之ナリ、勿論惡キ事ナリ、又世ノ中ノ爲スベキ筈ノ事ニモ放心ニ成テ計ラズ誤コト有リ、右ニ云如ク兵法ニモ放心ニ成テ誤ル也、如此類ノ放心ト殘心、放心ノ習ノ放心ハ各別ナリ、心ノ字ノ有ニテ疑テ判リ兼ルカ、又是ニ似タル事有之、志ヲ放ト云フ習フ事志ヲハナレノケヨ、又志ヲハナレトイウ事ニハ無之也放レカケルト成トモ、發ルト成トモ、伸スト成トモ心得ベキナリ、志ヲ放シカケザレバ氣淀ミ止リタルヤウニ成リ、指キシミテスラリト放レ兼ル也、其キシミニテ指ユヱ拍子間ヌケニ成リ却テ切ルヽナリ、打張モキシミヒツパリテ心ノマヽニ放レ兼ネ圖ハヅレニ成ル也、淀ミ止リ居付クナドヽ云フ事ハ大ニ嫌ウ事也、吟味可有事ナリ、他流ニ殘放ヲ或ハ七分三、或ハ四分六分ナドヽトモ心ニ用ルカ

一放心之事　別書ニモ書附置ルガ又爰ニ書附也、放ト云事心法ヲハナスノハナレルノト云儀ニテ習フノ儀ニテハ無キナリ、心ハ一身ノ主リ殘心放心ヲ習フノ放心トハ各別也、故ニ是ニハ心ノ字ハ附ザル也、此書附ハ專ラ此儀ヲ書クベキ爲メナリ、夫レ放レト云ハ心法ニテモ雜リ、惑ヒ、闇ク、迷ヒ、亂レ、弱ク、迫リナド、妨ト成者ヲ悉ク截斷シテ拂ヒ除ク大明不動、大剛强勇ニ戰法自然ト相應ジ、敵ニヨツテ動靜心ノマヽニ相叶トコロノ儀ナリ其妨ニ成ルモノトハ己ガ心ヲ吟味スレバ相ヒ知レルモノナリ、如何ナル事カ他ヨリハ計

リガタキトコロナリ、然ドモ荒増シ之ヲ書記スナリ古郷ヲ思ヒ妻子ヲ思出スコト、一命ヲ思フ事、敵ヲ恐ル事、己ガ身ヲ切ラレ突カン間敷カト氣遣ウ事、敵相ヲ疑フ事、敵ノ太刀振ヲ氣味悪ク思フ事　邪曲僞ノ手立ノ事、其外何カト匠ミ思ヒ、雜意雜念等之事、見事ニ勝ト思フモ誤ナリ、斯樣ノ類ヲ放レテ少シモ顛動無ク、本心決然トシテ是ヨリ兵法ノ道立チ、自悟自得ノ處ナリ、今存ジヨリ之レ有リテ書附ルナリ、臣タル者ハ義ヲ以テ邪欲ノ私ヲ放レ、一命ニ不拘シテ道ヲ守リ、平日ヨリ落命ニ至ルマデ君道ヲ明ニス可キナリ　如是ニテ三軍ノ鋒先精鋭ニシテ當ルベカラザルナリ、佛家ニモ放レト云事有リ、其ノハナレ樣ハ知ラザレドモ、推量スルニ俗情ヲ切斷シテ出家ノ道義ヲ立ル事ナルベシ、死罰ニ敵ノ破ル、處ヲ放ト書附タリ、其破リ樣ノ心得ハ凡ソ敵ノ三分一ナリ、三分一ト云ハ三ツニシテ一ツ動ク處ヲ破ルナリ、此圖ヲ拔カセバ却テ敵ノ爲メ我三分一ヲ打ルル也、況ヤ敵其太刀ヲ引取テ打ツ構ヘニ成タル處ヲ猥ニ打バ却テ我三分一ヲ打ル、也、總テ敵ノ心治リ心得テ居ル處ヲ猥ニ打タヌ物ナリ、左樣ノ處ハ敵ヲ動シテ勝ツ者也、其動シ樣ハ極メガタシ、然ドモ大略ヲ云バ、太刀ヲ打ツケテ動スナリ、但シ猥リニ打ツハ悪シト知ルベシ、是ハ心ニ得テスルト心ニ不得シテ猥ニスルトハ大ナル違ナリ、世ノ中ノ事ニ於テモ同前ナリ、其打樣ハ之事也、指先ニテ動スモ同前、聲ニテモ動カシ、氣ニテモ動カシ、足ニテモ動カシ、體ニテ詰カケ、勢ニテモ動クナリ、鉦皷ハ鳴ハヅノ物ナリ、其外無心竹木石ノ類モ打テバ夫々ノ聲出ルナリ、況ヤ誠心不足ノ敵ニ於テオヤ、動カサバ動クベク空智ヲ戰ハシテ破ルベキ也、我三分一ヲ見セザル樣ニ、敵ノ三分一ノ出ル樣ニ勢ヲ以テ迫リ立ル事兵法ノ力量也、ホケルホド云テ心氣體自由ニナル也、譬ヘバ糸ナドノ結ボレタル樣也、或ハ何事ニヨラズ六ケ敷埒明兼タルモノガサラリト埒明キ、或ハ道理ヲ疑惑シテ心志ヲ苦シメタルモノガ一時ニ合點シタル樣也、前ニ云フ如ク心法ノ妨ト成ル者ヲ拂ヒ除テ、誠心直道ノ道理ヲ習ヒ得テ、練リ、鍛ヒテ、引キ、吊リ、張リ、キシミ、縛リ、縊リタル樣ノ不自由成ル事無クシテ、總身心ノ儘ニ動靜スル事則チ解タルナリ、常ノ時ニモ戰ノ時ニモ、其用〳〵ヲナス事動靜ノ二ツヨリ外ニ無キナリ、故ニ一足ヲモ無用ノ足ヲ踏マズ、一刀ヲモ無用ノ太刀ヲ振ラズ、動カズシテ能ク先ヲ取ルナリ、己ニ動靜ナシ、敵ノ形ニ應ジテ動靜寛急ノ勢ヲナス也、故ニ兵法ニハ本來極マリタル形ナク全ク無形也、動靜ノ道理ヲ知リ得タルモノハ勝ナリ、一ツモ曲リ違ウタル事ナリ皆直々ノ法也、故ニ正直ニ觀解スル事最モ肝要ナリ、智ノ事別書ニモ書タリ、兵法ノ道ト理ト利方トヲ明ニ知ル者也、智ハ水ニ似タリ、事ヲ爲ニ凝滯スル事ナク、自由ノ者也、心得有ルベキ事也、此ニ一々辨ズルニ及バズ唯邪ヲ去リ正ニ赴カバ難ナカルベシ、智ヲ用ル事緩急有リ、常ニハ戰ノ利方ヲ靜ニ工夫分別シテ心ニ納得シテ太刀打スル時ニ其用ヲナス也、此處ニハ太刀打スル時ノ儀ヲ只一言云フ也、三軍敵合ノ時ハ勿論神速ヲ貴ブ也、然ドモ大將自身ニ太刀打セズ、人數ヲ下知スル事ユヱ敵色ヲ見計ラヒ才能ノ士ト變化ノ相談モ可成ナリ、武田信玄ノ村上義淸トノ合戰、先手ノ侍大將甘利備前其旗色惡シク事急ナリ、然處ニ山本勘助分別ニテ敵ヲ南ニ向ケテ武田方ノ勝利ト成タリ、敵色ヲ分別シテ變化スルハ大將ノ事也、敵ノ景氣ヲ知リ太刀ヲ知ルコトハ卽チ智ナリ、但敵ノ景氣ハ外ヲ何トモナクシテ氣ヲ隱クシ、底ニ早キ拍子ヲ持タル是陰敵也 外ニ發シ底ニ心ヲ殘シタル是陽敵ナリ、入身ノ敵有リ、引請タル敵有リ、間ノ外ヨリ切ル敵有リ、間ニ入テ打敵有リ、兵法ニモ太刀短刀有リ、其外色々樣々ノ敵有ル也、常ニ工夫シテ敵ノ景氣ヲ知ル事尤ナリ、總體ノ氣色ハ一身ニ在リ、足ノ蹈樣太刀ノ持樣ナドニテ心得可有ナリ、心利、氣々、眼利、總身利、常々戰ノ法ヲ能ク鍛練シ、心氣ニ能ク得テ智モ才モ道ト一ツニ馴レテ解ケタラバ成ル間敷事ニテモ成ルコト文筆達者ノモノノ物ヲ書クニ少シノ思案モナクサラ〳〵ト書クガ如シ、急ガ子ドモ早シ、其心ヲ得ザレバ行當ル事多シ、謡曲ナドモ上手ハ文句節思案モナク滯ラズ靜ニモ早クモ謡ナリ、算撥モ達者ノモノハ急グ時ハ左右ニ算ヲ置キ又靜ニモスルトカヤ、是皆其藝ヲ能ク覺エ得タル處也、行歩衆人ニ勝レテ達者成者ハ急ニ走ル樣ニハナケレドモ早クシテ一日ニ十數里ヲ行、並々ノ者ハ走リテモ追附事不能也、放歌（放歌ハ放歌師トシ今ノ輕術師ノ如キモノナリ）鞠ヲ數々投上ゲテモツレ亂レザル樣ニ取ル事心氣ノ絶間ナク、眼利心ノカネ合ヲ能ク覺タルナルベシ、藝ノ道筋ハ異ナレドモ心得タルト云ハ同ジ事也、總テ何事モ能ク仕得タル者ノ爲ス事ハ急カザレ共速ク、急ナレ共モツレザル者也、兵法吟味鍛練尤也、心氣騒ギ立チ顛倒絶間アリテハ兵法ハ消失スル也、故ニ丈夫正大ニシテ無動處ノ吟味尤モ肝要也、心ニ敎ヘ心受ク、人ニハ心有リ、心ノ外ニ人ナシ、太刀ヲ佩バ兵法有リ、兵法ト云ハ心ナリ、心ノ外兵法

ナシト知ルベシ

身ヲ治ルモ心也、

善ト云モ心也、

國ヲ治ルモ心也、

英雄ト云モ心也、

一此道二刀ト云事　此道二刀ト稱シテ太刀ヲ片手ニテ持ツ儀ナリ、左ノ手ニ左《サ》シテ心ナシ、太刀ヲ片手ニテ可レ持爲ナリ、片手ニテ持チ得ルニ軍陣、馬上、川 沼、細道、石原、人込、駈走リノ時第一ナリ、太刀ヲ片手ニテ持ニ初ハ重ク覺ル也、然ドモ功積ル時ハ後ハ輕クナルナリ、但人々ノ強弱ニ從ヒ身ニ應ズル太刀ヲ持ツベキコト肝要也

一圓儀之構上段　圓儀之構ハ右之手ヲ耳ニクラブルト云心、太刀ノ柄先開ク心ナリ、上中下ノ心ハ敵ノ構ニ有リ、打出ルコトノ遲速、淺深、輕重ハ敵ノ打ニヨルナリ、太刀筋下ニ打コトナシ、向ニ打モノナリ、太刀筋喝咄スル時太刀ノ刄ヲ立テ敵ノ打右ノ手ヲ突心ニテ打ナリ、上ルコト敵ノ太刀ニ中リテモ中ラズテモ同ジコトナリ、我手前違ハヌ

様ニ早ク打コト専ナリ、喝咄トツヾクル太刀筋ナレバツヾクルコトモアリ、敵合近クシテハナリガタシ、受テトルナリ可分別ナリ

一観實之構中段　切先返敵合遠キ時ヒッサゲ、敵ノ力トカヌニ中ヨリ身ヲ向ニ直ニ立テ左右ノ手前ニ出シ、太刀大小之刄ヲ餘リ立テズ、ヒラメズ、筋チガヘテ懐《フトコロ》ヲ廣ク大小ヲクミタル様ニ持ナリ、突出サズ又臂ヲカヾメズ、右ノ太刀先少シ上ル心ニテ、敵ノ中筋ニ有ル様ニ構ヘテ敵打出ス心ヲ受ケテ敵ノ打太刀ニアタラザル如ク、向ノ顔ニ突カケ敵ニ巧ミヲ失ハセ、是非ナク打處ヲ切先ヲ返シテ上ヨリ手ヲ打ナリ、其太刀前ニステタル如ク提《ヒッ》サゲテ我身ヲ不動ニ敵又打カクル處ヲ三分一ニテ下ヨリ手ヲハルナリ、總ジテ敵ガ打ント思ウ心ノ頭ニ我心ヲツケテ先ニナル者ナリ、此太刀何レニモ出合ナリ

一應極之構下段　應極之構ハ太刀先開カズ、左ノ手ヲ懐《フトコロ》中廣ク構ヘ、臂ヲ延サヌ様ニシテ振出コト敵ノ中筋ヲ打ナリ、前廣ニ打心ナリ、左ニ筋チガヘテ打コト悪シ、太刀筋切先返シニ直ルナリ、事ニヨリウチヨクノ構ニナスコトモ有リ分別スベキナリ

一交務之構右脇　交務之構ハ太刀ヲ右之脇ニ捨ル心ニ構ヘ、左ハ高クナキ様ニ手ヲ深

ク組ミチガヘタ樣ニ持ナリ、敵ノ打ニアタルコト是レ三分一ニシテ中ツル、打落サント思フ時中ル心ニシテ少シ下ヲ拔キ筋カヘテ切ナリ、早キコト肝要ナリ、太刀筋ユガムコトナリ、直ル處ハ喝咄先返シニ成ルナリ

一縱選之構左脇　縱選之構ハ太刀ヲ前ニ捨テ、太刀先左ニヨセテ敵ノ打出スニ三分一ニ[illegible]ケテアツル、其ノ當樣ハ我手ヲ上テ敵ノ太刀先ニ手ノナキ樣ニ突出シテアツル、敵打カクルニヨツテ越シテ腕ヲ切ル、何モ太刀筋切先返シニ直ル心ナリ、亦一ツニハ切先向ニシテ我右ノ足ニ氣ヲ付ケ提《ヒツサゲ》ルト云心持ニテ敵ノ心ノ發ル處ヲ打ツ、淺深ハ敵ノ心ニ依テナリ、此太刀能々吟味スベキナリ、總ジテ太刀構五方ニ過ギズ、敵ヲ打ト云コトハ道ハ一ツナシ、是ヲ以テ心得アルベキナリ

一三ツ之聲ト云事　三ツノ聲ト云コト有リ、敵ヲ動サン爲ニ打ト見セテカシラヨリエイト聲ヲカケ、聲ノアトヨリ太刀ヲ打出モノナリ、亦敵ヲ打テアトニテ聲ヲカクルコト勝ヲ知ラスル聲ナリ、是ヲ前後ノ聲ト云ナリ、太刀ト一度ニ大キク聲ヲカクルコトナシ

一背ク拍子ト云事　ソムク拍子ヲ知ルコト兵法ノ專ナリ、此背ク拍子ヲ辨ヘズシテハ

兵法タシカニナラザルナリ、此拍子能々吟味スベキナリ、工夫第一ナリ

一目付ト云事　目ヲ付ルト云コト、昔ハ色々有コトナレドモ今傳ル處ノ目付ハ大抵敵ノ心ニ目ヲ付ルナリ、目ノオサメ様常ノ目ヨリモ少シ細ソウラヤカニ見ルナリ、目玉不動敵合近クトモ遠ク見ル目ナリ、其目ニテ見レバ敵ノナスコト兩脇迄モ見ルナリ、觀《カン》ノ目強ク見《ケン》ノ目弱ク見ルベシ、能々可有吟味者ナリ、道理ヲ得テ道理ヲ離ナレ、兵法ノ道ニ己ト自由有テ自ラ奇特ヲ得ルニ至テハ自ラ撃チテ自ラ當ル是實相無相ノ理也

（終）

二天記

凡例

一此書ハ豫メ先師一生ノ事ヲ錄ス家父ト川正剛若年ノ頃老健成リシ直弟子ノ人々ノ物語ニ先師徒然ノ折節自然打話シ有シ事ナリ或ハ先師自筆ノ文書等抄出スル也

一先師勝負ノコトハ數十度ノコトナレバ世說ニ謂フ所或ハ相手ノ違ヒ或ハ別人ノ勝負或ハ其手技ノ違ヒ區說多シ最モ洩タルコト多シ

一先師直弟老健ニテ正剛ニ對シ物語有シ人々ハ熊府ノ士道家角左衞門彼ニ徹水ト號ス正剛劍術ノ師平藏ノ父ナリ或ハ代城ノ士山本源五左衞門後ニ主水ト號ス中西孫之允田中左太夫等ノ噺ナリ是等ハ先師ニ從ヒテ各大形相傳モ有シ門弟ナリ殊ニ中西ハ先師病中ニ松井寄之主ヨリ附ケ置カレシ人ナリ

一岩流勝負ノコトハ長岡興長主其事ヲ取リ計ヒ在リシ故于今精シク聞傳ル處ナリ又正德二年春豐州小倉ノ商人村屋勘八郎ト云者八代ニ來ル正剛遇之岩流島ノコヲ問フ勘八委シク其事ヲ語ル勘八親族ニ小林太郞左衞門ト云フモノ長州下ノ關ノ問屋ナリ則先師其

宿セシ所ナリ彼ノ家ニ老人アリ其者先師舟渡リノ時ノ舟人也勘八度々出會シ其噺ヲ聞ニ毎回一言モ不違ト故ニ此度委シク知レリト語ル

一此ノ書ノ文體ハ其人々ノ噺ヲ直ニ書留置シ覺書ノ儘ニテ文言ヲ不改書スルナリ猶五輪ノ書等ノ中ヨリ少々書キ加ヘ一書トスルモノ也

寶暦五乙亥年二月

橋八水正脩著

此ノ書武公傳ト有シヲ二天記ト改メテ宇野惟貞ニ序ヲ乞フテ全書ト爲者也

豊田景英校

序

古自日神帶八握十握等劍。而世蓋劍技起焉。日本武尊始作之三段位。源幕府《義家》増之以段。於是段位者定也。平相國《清盛》傳之鞍馬僧。鞍馬僧傳之源廷尉《義經》。而後有中條神道。神陰等諸流。行于世云。而足利臣氏之際此技最盛。而各自名家者不可枚擧。其特聞者吉岡當理二流也。吉岡雖伏。獨當理雄鳴于天下。當理者武藏父無二之流也。無二用十手器。武藏代之以刀。長短刀幷用者自武藏始矣。武藏承家業傳其妙。而不襲其爲。故其術至矣。盡矣。於是大成也。可謂善人繼之志。善述人之事也。其爲人也。天資卓絶。通治國之體達軍旅之事。有文有武。以故所至諸侯無不師之。實有相將之材。而不居其職。是以於其技也精。於其道也極。正直以持身。奇變以應物。故術有三先五方。蓋三先者臨機之先也五方者位段之法也。公然擧以示人。能者從之。豈若衆家以其技術。于世取諸懷而與之也豐田氏三世。能學其技而淑諸人。介子俊校父祖所記。欲以示人。亦善繼志述事者也。因爲叙。

安永丙申仲冬　　宇貞識

二天記

一新免武藏藤原玄信其先

村上天皇ノ皇子具平親王ノ後胤播磨國佐用ノ城主赤松二郎判官則村入道圓心ノ末葉也、故有テ外戚ノ氏姓宮本ニ改ム又兵書等ニハ新免ト書セリ、天正十二年甲申年曆三月播州ニ生ル幼少ノ名ハ辨助ト云フ老年ニ及ビ肥後ニ來リ居住セリ、立田山泰勝寺二世之僧春山和尙ニ緣リ道號ヲ二天道樂ト號ス、流書ニ曰我若年ヨリ兵法ノ道ニ心ヲ懸ケテ國々所々ニ於テ名高キ兵法者ニ對シ眞劍或ハ木刀ノ勝負六十餘度ニ及ブト云トモ一度モ其利ヲ失ハズ、其程歲十三ヨリ二十八九迄ノコト三十ヲ越テ跡ヲ思ヒ見ルニ兵法至極シテ勝タルニハ非ズ、自ラ道ノ器用有テ天理ヲ離レザル故カ、又ハ他ノ兵法不足ナル處ニヤ、其ノ後尙モ深キ道理ヲ得ント朝鍛夕錬シテ見レバ兵法ノ道ニ遇フコト五十歲頃也、夫ヨリ以來ハ尋ネ入ルベキ道モ無クシテ光陰ヲ送ル、設兵法ノ理ニ任セテ諸藝諸能ノ道ト爲セバ萬事ニ於テ我ニ師ナシト書セリ、一流ヲ實相圓滿ノ兵法逝去不絕二天一流ト稱スルナリ

赤松家ノコトハ赤松大膳太夫源満祐入道性具、嘉吉元年足利将軍義敎公赤松ガ所領ノ備前播磨美作ヲ割テ赤松貞村ニ封ゼントスル、實ハ其勢ヲ滅ゼラレンガ爲メナリ、満祐私カニ是ヲ聞キテ甚ダ憤怒シ同年六月將軍ヲ召待シテ忽ナ弑シ奉リ播州旗山ノ城ニ還ル、依テ山名右衛門佐持豐入道宗全是ヲ攻メ同九月遂ニ城陷テ満祐自殺ス、其ノ後赤松家衰微ス、慶長五年關ケ原合戰ノ時赤松上總介義祐石田三成ニ組シテ沒スルナリ、武藏守系圖未考

一武藏父新免無二之介信綱ト云フ劍術ヲ得當理流ト號ス十手二力ノ達人也、將軍義昭公ノ御師吉岡庄左衛門兼法ト云フモノ洛陽ノ士扶桑第一ノ劍術者ナリ、將軍ノ命ニ依テ庄左衛門ト無二ト雌雄ヲ決セシム、庄左衛門一度利有テ無二兩度カチヲ得タリ、因テ無二ニ日下無双ノ號ヲ賜フナリ

新免無二之介劍術ヲ修シ得テ自ラ新免ト改ム、又吉岡ト勝負ヲ決シテ日下無双ノ號ヲ賜フ、此ノ時ヨリ新免ト改ムトモ云ヘト未詳

或說ニ曰ク慶長十九年六月禁庭ニテ御能興行有シ時其席ニ於テ吉岡押ヘノ雜色ドモト

口論シ遂ニ身ヲ果スト云ヘリ

一武藏箕裘ヲ繼テ藍ヨリモ靑ク、慶長元年丙申三月十三歲ノ時播州ノ劍術者新當流有馬喜兵衞ト云者ト初メテ勝負ヲ決シテ勝之

神道流ヲ新當流ト書カ、有間大和守學之有一本作馬間流ト云フ、有間豐前守トトモ云フ聞エアル人ナリ、有間喜兵衞ハ其家族ナルヨシ、常陸國飯篠長威齋ト云者鹿島ノ香取ノ神ヨリ其技術ヲ受天眞正傳ト書ス是神道流ナリ

一慶長四年巳亥春但馬國强力ノ兵法者秋山ト云者ト勝負ヲ決シテ勝之于時十六歲

一同五年關ケ原合戰武藏働キ群ヲ拔ンス諸軍士知ル所也

一同九年春二十一歲ノ時都ニ上リ天下ノ兵法者吉岡庄左衞門ガ嫡子淸十郎ト洛外蓮臺野ニ於テ雌雄ヲ決ス、淸十郎ハ眞劍武藏ハ木刀ヲ以テ擊之、淸十郎忽斃レ息絕ル、渠カ門弟等板上ニ助ケ乘セテ家ニ歸リテ藥治シ本復ス、其後兵法ヲ棄テ、剃髮ス其後弟傳七郎ト洛外ニ出デ勝負ヲ決ス、傳七郎ハ豪兵ニテ五尺餘ノ木刀ヲ持チ來ル、武藏頓ニ其木刀ヲ奪テ一打ニ擊之立所ニ斃レ死ス、依テ吉岡門弟恨ミヲ含ミテ淸十郎ガ子又七郎ト組シ

數十人兵仗弓箭ヲ携ヘ下リ松ニ會ス、武藏又七郎ヲ斬殺シ徒黨ノモノヲ追退ケ威ヲ振ヒテ洛陽ニ歸ル、於レ斯吉岡ガ家斷絶ス

一同年南部寶藏院覺禪坊法印胤榮ノ弟子ニ奧藏院ト云日蓮ノ僧アリ鎗術ノ達者ナリ、武藏彼僧ニ遇ヒ鎗術ヲ試ム、僧鎗ヲ以テ立向フ、武藏ハ短キ木刀ヲ持テ立會相ヒ兩度勝負ヲナスニ僧利ナシ、依テ武藏ガ技術ヲ感賞シテ院ニ停メ饗應アリ、其夜談話スルニ已ニ曙ントス武藏走リヌ

一武藏伊賀國ニテ完戸何某ト云者鎖鎌ノ上手也野外ニ出テ勝負ヲ決ス、完戸鎌ヲ振出スヲ武藏短刀ヲ拔キ完戸ガ胸ヲ打貫キ立所ニ斃レシヲ進デ討果ス、完戸ガ門弟等拔連レ各斬テ懸ル、武藏直チニ大勢ヲ追崩セバ四方ニ逃去ス、武藏悠然トシテ引去ル

一武藏江戸ニ至リシ時一傳流丸目主水ガ傳ニ波多野二郎左衛門ト云人アリ、武藏ニ對シ刺擊ノ理ヲ改作爲ンコトヲ請フ、武藏其利ヲ諭シ技ヲ改メ一轉流ト號ス、波多野後ニ入道シテ宗件ト云フ技藝卓絶シテ世ニ其名有テ門弟モ多シトナリ

一武藏江府ニ在リシ時夢想權之助ト云者來リテ勝負ヲ望ム權之助ハ木刀ヲ携フ、武藏折

節楊弓ノ細工有リシガ直ニ割木ヲ以テ立向フ、權之助會釋モ無ク打テカヽル武藏一打チニ撃仆ス依テ閉口シテ走ル

一石川左京ト云人武藏ニ因テ道ヲ學ブ武藏江府ニ別ルヽ時像ヲ畫シテ是ヲ信仰ス其讃ヲ林道春ニ請フテ書之、羅山文集ニ見エタリ此ノ書ノ奥ニ出ス

一岩流小次郎ト云劍客アリ越前宇坂ノ庄淨教寺村ノ產ナリ、天資豪宕壯健タグヒナシ、同國ノ住富田勢源カ家人ニ成リ幼少ヨリ稽古ヲ見覺エ長ズルニ及デ勢源ガ打太刀ヲ勉ム勢源ハ一尺五寸ノ小太刀ヲ以テ三尺餘ノ太刀ニ對シテ勝コヲ爲ス、小次郎常ニ大太刀ヲ以テ勢源ガ短刀ニ對シテ粗技能アリ、猶鍛錬シテ勝利ヲ辨ズルニ高弟各小次郎ガ太刀サキニ及ブ者ナシ、於斯勢源ガ肉弟治郎右衞門ト勝負ヲ決シテ之ニ打勝ツ、依テ勢源ガ下ヲ駈落シテ自ラ一流ヲ建テ岩流ト號ス、其法術尤モ奇ナリ、諸國ヲ經囘シテ名高キ兵法者ニ會シ數度ノ勝負ヲ決スルニ勝利不失、斯テ豐前小倉ニ至ル、太守細川三齋翁忠興公聞シ召テ小次郎ヲ停メ置キ玉ヒテ門弟出來テ指南アル、于時慶長十七年四月武藏都ヨリ小倉ニ來ル二十九歲ナリ、長岡佐渡興長主第ニ至ル興長主ハ其父無二之助ノ門人也、其

興ノ故ニ因テ來ルナリト、嘗テ興長主ニ請テ曰、岩流小次郎今此ノ地ニ留リヌ其術奇ナリト承ル希クバ吾手技ヲ比ベンコトヲ、公ハ無二ガ故有リ縁テ憑ミ奉ル者也ト謹テ願フ興長主應諾アリテ武藏ヲ留テ忠興公御聽ニ達シ其ノ日ヲ定メ小倉ノ絶島ニ於テ勝負ヲ決セシム、向島ト云又舟島トモ云、今又岩流島ト云、豐前ト長門ノ境小倉ヨリ舟行一里長門下ノ關ヨリモ同里數ナリ、扨テ前日府中ニ觸有テ此度双方勝負ノ贔負及遊覽ヲ禁止アリ、興長主武藏ニ曰、明朝辰ノ上刻向島ニ於テ岩流小次郎ト仕合致スベキ由ヲ論ス、小次郎ハ忠興公ノ船ニテ差越サルベシ武藏ハ興長船ニテ致度也ト、武藏去テアトナシ、遍ク府中ヲ尋レドモ行衛不知、皆云ク畏レ其間逗留ノ内小次郎ガ抜術妙術ナルコトヲ聞及臆シテ逃タリト云フ、興長主モ如何トモ爲カタナク茫然トシテ時ヲ移ニ至ル、稍有テ興長主家士ニ命ジテ我ツラ〳〵是ヲ按ズルニ畏レ懼レテ逃ルナラバ何ゾ今日ヲ待タン、察スルニ異心持有ルコトナラン先ノ日下ノ關ニ着テ翌日爰ニ來レリ定メテ下ノ關ニ至リ夫レヨリ向島ニ往カンコト必セリ急ギ飛脚ヲ立ベシトナリ、則チ飛脚下ノ關ニ至リ見レバ果シテ問屋小林太郎左衞門ト云者ノ所ニ有リ飛脚右ノ趣ヲ告ルニ武藏書ヲ呈ス、其文ニ明朝仕合之儀ニ付私其許樣御船にて向島に罷遣之由被仰聞重疊御心遣之段忝存候然とも此囘小次郎と私とは敵對の者にて御座候然るに小次郎は忠興樣御船にて被遣私は其許樣御船にて被遣と御座候處御主人へ被對如何敷奉存候此儀私には御構不被成候而可然奉存候此段御直に可申上と被存候得共御承引なさるましく候に付態々不申上候て爰許へ參居候御細の儀は幾重にも御斷申候明朝は爰許船にて向島へ渡候事少も支無御座能時分參り可申候間左樣可被下思召候已上

四月十二日　　　宮本武藏

佐渡守樣

右返答ス、扨翌朝ニナリ日高クナル迄武藏寢テ不起、亭主太郎左衞門ハ無心元思ヒ辰ノ刻ニ及ベリト起シ告ル處ニ飛脚小倉ヨリ來リ船渡ノ由ヲ武藏ニ告ル、武藏無程參リ申可由返答シ手水シ飯ヲ仕舞ヒ亭主ニ請テ櫂ヲ以テ木刀ヲ大キニ削ル、其內飛脚又來リ早々可渡申急告ル、武藏ハ絹ノ袷ヲ着テ手拭ヲ帶ニハサミ其ノ上ニ綿入ヲ着テ小船ニ乘テ出ル、舟人ハ太郎左衞門ガ家奴也、船中ニテ襷ヲカケ右ノ綿ヲ覆テ伏ス、島ニハ檢使警固ノ者ヲ差シ渡サル其ノ號令嚴重ナリ、漸ク巳ノ刻過ギニ武藏向島ニ至リ島ノ洲崎ニ船ヲ滞メテ覆ヒタル處ノ綿入ヲ脫ギ、刀ハ船ニ置キ短刀ヲ差テ裳ヲ高クカヽゲ、彼木刀ヲ提ケ素足ニテ船ヨリ下リ淺汀ヲ涉ルコト數十步、行々帶ニハサム手拭ニテ一重ノ鉢卷ス、小次郞ハ猩々緋ノ袖ナシ羽織ニ染革ノ立附ヲ着シ、ワラジヲ履ミ三尺餘ノ太刀ヲ帶ス、備前長光ノ由、甚タ待ツカレ武藏ガ來ルヲハルカニ見慣然トシテ進テ水際ニ立チ云、我ハ斯ニ先達テ來レリ汝何ゾ遲々スルヤ吁汝後レタルカ、武藏默然トシテ不答聞カザルガ如シ、小次郞霜刀ヲ拔テ鞘ヲ水中ニ投ジ、水際ニ立テ武藏ガ近ヅクヲ迎フ、時ニ武藏水中ニ踏留マリニツコト笑テ云ク小次郞負タリ勝ハ何ゾ其鞘ヲ捨ン、小次郞益憤テ武藏ガ相近ヅクト齊ク刀ヲ眞甲ニ振上武藏ガ眉間ヲ打ツ、武藏同ク擊處ノ木刀小次郞ガ頭ニ中リ立所ニ仆ル、初メ小次郞ガ打シ太刀ノ切先武藏ガ鉢卷ノ結目ニアタリテヤ手拭分リ落ツ武藏木刀提ゲテ少ク立チ又振上テ擊タントス、小次郞伏ナガラ橫ヲ拂フ、武藏ガ袷ノ膝ノ上ニ垂レタルヲ三寸許リ切サリヌ、武藏ガ擊處ノ木刀小次郞ガ脇腹橫骨ヲ擊折テ卽チ氣絕ス、口鼻ヨリ血流レ出ヅ、暫ク有テ武藏木刀ヲ捨テ手ヲ小次郞ガ口鼻ニ覆ヒ顏ヲヨ

セテ死活ヲ窺フ事稍暫也、而シテ后遙ニ檢使ニ向テ一禮シ起テ木刀ヲ把リ本ノ船ニ行飛

乘自ラモトモニ棹サシテ行事速カ也、下ノ關ニ歸リ興長主ニ書ヲ呈シテ禮謝ス、其ノ後

小倉ニ至リ興長主ニ忠興公ノ士何某ト勝負ヲナサムコトヲ願フ老役會議シ此ノ事願不達

シテ又下ノ關ニ歸リヌトナリ

岩流ハ佐々木小次郎ト云此時十八歳ノ由ナリ、英雄豪傑ノ人ナリトテ武藏モ是ヲ惜ミ

シトナリ、富田勢源ハ五郎左衛門ト云テ中條流ヲ修シ得テ天下ニ其名高シ、背テ眼病

ニテ後薙髮シテ勢源ト號ス、弟治郎左衛門ト云ニ家業ヲ讓リ又祖九郎左衛門ト云ハ朝

倉家ニ仕ヘシナリ

一慶長十九年大阪陣軍功證據アリ三十一歳翌元和元年落城ナリ

一武藏常陸ヨリ出羽ニ至ル、出羽ノ内正法寺原ト云所ヲ通ル、路ノ傍ニ十三四ノ童泥鰌

ヲ小桶ニ入テ持ツ、武藏是ニ向テ其泥鰌ヲ少シ所望スベキヨシヲ乞フ、易キコトナリト

桶ヲ差出ス、武藏云吾餘計ニハ無用ナリ少シ得テ足ヌト手拭ヲ出テ包ソトス、童笑テ曰

ク、旅人ノ適々所望セラルヽニ是何ゾ惜ソヤ桶トモニ持行キ玉ヘト云テ不顧シテ去ル、

武藏怡然トシテ受之、次日武藏曠野ヲ經過シ不覺錯テ宿ヲ不得、日既ニ暮ヌ、往クコト三里許リ有リ後ニ返レバ四五里ナラデハ村坊ニ不遇、如何セント思フニ遙ニ山陰ニ火ノ光ヒラメク、是家有リト思ヒ火ヲシルベニ漸クタドリ着キ見レバ小キ艸屋一軒アリ、内ニ音ヅルレバアヤシキ童出デ如何ナル人ゾト云、武藏旅行ノ者ナルガ不案内ニテ宿ヲ不求得既ニ日暮テ如何トモ爲ガタシ何トゾ一夜ノ宿ヲ借ント云フ、童云此ノ狹キ艸屋殊ニ我一人居リ粮ダニ無ク客ヲ容ルヽコト不諧、武藏又云旅行ノ事ナレバ如何ナル體ノ所ニテモ不苦ト頻リニ請フ、童ツク〲ト見テ其元ハ前日泥鰌ヲ乞ヒシ人ニアラズヤ、武藏驚キナルホド其者ナリト云、童サラバ内ヘ入玉ヘト、武藏座ニ着ク、童小鍋ノ下ヲ焚キ柴茶ヲ出サントス、其生質聰明俊俏ナリ、武藏云如何ナル人ナレバ幼年ニテ爰ニ居ルヤ父母ハ如何ニト、童云我等正法寺村ト云處ノ產ナリ、父農業ヲ廢シテ此ノ野外ニ居住シ又父母沒シ一人ノ姉モ此ノ處ヨリ三里外ノ農家ニ嫁セリト云テ粟飯ノ少シ有シヲ出シ、夜陰秋風冷シ客ハ休ミ玉ヘトテ童モ次ノ間ニ入リヌ、武藏不審ナガラモソコニ寢タリ、草蟲聒耳白露袖ニ結ブ計ナリ、夜半過頃ニ刄ヲ磨グ音切々トシテ枕ニ響キ睡覺ヌ、依テ思フ扨コソ盗賊ノ餘黨ニテ曲者ヨ吾熟睡ヲ待チ害スルヤトテ不思欠伸ス、時ニ童聞テ客ハ何故ニ睡眠セザルヤ、武藏云刄ヲ磨音耳ニ障リテ不快ウヲ覺タリ、童笑テ云客ハ剛强ナル顔ツキニ不似臆病ナル人哉、假令我等相刀ヲ以テ殺サントスルモ此ノ小腕ニテ如何程ノコトヲセンヤ、武藏云、サアラバ何故刀ヲ磨クヤ、童云、何ヲカ包可申我父死スルコト昨日也、是ヲ後ノ山亡母ノ墓ノ傍ニ埋メント思ヘドモ我持行事能ハズ、ツク〲思フニ我一荷ノ物ハ擔フニヨリ此ノ刀ヲ以テ父ノ死體ヲ兩段ニ斬テ一荷トナシ擔ヒ行埋メントナリ、武藏聞テ其言ヲ偉トシ其ノ志ヲ感ジ太ダ稱歎シ、吾幸ニ止宿セリ二人シテ葬ルベシ憂ルコトナカレト死體ノ肩ヲ武藏負ヒ、足ヲ童抱テ山ニ行亡母ノ墓ト一所ニ埋メ石ヲ立テ誌トシ家ニ歸レバ夜既ニ明タリ、童懇ニ云我孤リ賴母シゲナシ客ハ暫時逗留シ玉ヘト、武藏不便ニ思ヒ汝一人此ニ居住センヨリ吾ニ從テ來ラバ隨分取立ベシト、童云客ニ從ヒ何方ヘモ參ルベケレドモ一生奴僕ノ身ナラバ參ルマジ、武士トナリ鎗ヲ把リ馬ニ跨ル身トモナラバ行ベシ左ナクバ此ノ地ニ孤居シテ自由一生ヲ過サンガマサレリ、武藏云吾ニ從ヒ來ヲバ望ノ如クナサンヤ肯フ、童喜ビ面ニ見レ然ラバ付參ルベシト彼一腰ナサシテ進ム、武藏云何方ヨリモ故障ノ事ハ無キヤ、童云何方ヨリモ故障ナシ、姉モ有トモ云ドモ久ク音信ヲ絶ス、此事告ルニ不及、又此舺屋我等父子ガ造リタル家ナレバ何方ヨリモ無構、但シ跡ニ殘スモ無益ナリト火ヲ放テ燒棄ツ、武藏ニ從テ去行夫ヨリ國々ヲ經回シ豐前小倉ニ留ル、後ニ小笠原家ニ仕ヘ誠ニ夙志ノ如ク鎗ヲ把リ馬ニ跨ル身ト成リ子孫相續シテ今ニ豐城ノ諸士ノ冠タリ、宮本伊織ト號ス

伊織父ハ正法寺村ノ者ト雖モ本羽州最上家ノ浪士ニテ此ニ住テ自然ト農夫トナレリトモ云ヘリ、伊織武藏ノ養子トナリ宮本ヲ號ス、又宮本次郎太夫ト云シモ武藏ノ親族ニテ無二ノ門弟ナリ、當理流稽古有テ相傳ノ卷物ミエタリ、是ハ豐前ニ於テ忠利公三百石賜リ召抱ヘラル宮本家ノコト爰ニ不記

一寬永九年豐前細川越中守忠利公ヱ肥後國ヲ賜フ、其跡ヲ小笠原右京太夫忠眞公ヘ賜ヘルナリ、同十一年武藏小倉ニ至ル、忠眞公篤ク之ヲ遇シ玉フ、因テ小倉ニ留リヌ五十一歲也

同十四年肥前島原城ニ切支丹一揆楯籠ル、忠眞公出陣武藏相從フ五十六歲ナリ、歸陣以

後忠眞公麾下ノ諸士ノ軍功ヲ吟味アリシ時武藏召連レ伊織ト云フモノ拔群ノ功有リ因テ召抱ヘラル、其ノ後祿二千石ニテ家老職トナル、且ツ忠眞公ノ命ニテ武藏養子トナリテ奉仕ス、武藏ハ客分ノ由ナリ

一同十七年ノ春忠利公ノ召ニ因テ肥後ニ來ル于時五十九歲ナリ、小倉ヨリ肥後ニ來ル時城外ノ山ニ壽藏ヲ建テ跡ヲ殘シテ肥後ニ來ル、其後承應二年四月伊織石碑ヲ建テ其ノ銘ヲ春山和尚ニ請フ此ノ書ノ奥ニ出ス

一武藏肥後ニ逗留有ヘキコトニツキ忠利公ヨリ岩間六兵衞ヲ以テ尋アリ口上書ヲ以テ取次役坂崎内膳迄達ス

我等身上の事岩間六兵衞を以御尋に付口上にては難申分候間書附懸御目候

一我等事只今迄奉公人と申候て居候處は一家中も無之候年の寄其上近年病者に成候へば何の望も無御座候若逗留いたし候樣に被仰付候へば自然御出馬之時相應の武具をも持ち參り乘替の一疋も率せ參候樣に有之候得はよく御座候妻子迚も無之老體に相成候得ば居宅家財等の事思ひもよらず候

一若年より軍場へ出候事以上六度にて候其内四度は其場にをいて拙者より先に懸候者一人も無之候其段はあまねく何れも存る事にて尤も證據も有之候乍然此儀は全く身上の中立に致し候にては無之候

一武具の拵樣軍陣にをいて夫々に應じ便利なる事

一時により國の治め樣の事

右者若年より心に懸數年致鍛錬候間御尋にをいては可申上候以上

寛永十七年二月　　　　　　宮本武藏

坂崎内膳殿

忠利公ヨリ十七人扶持ニ現米三百石賜リ御客分ニテ座席ハ大組頭ノ格合ナリ、居宅ハ熊本千葉城ト云所ニ屋舗アリ

一武藏肥後ニ來ル以前ニ氏井彌四郎ト云者柳生家ノ賴ニテ肥後ニ來ル、忠利公モ但馬守殿ヨリ相傳アリ一流奥儀ヲ極メラレテ專ラ柳生流ナリ、彌四郎モ數度御相手ニ出テ御修行アリ、武藏召ニ應シテ小倉ヨリ來リ御國ニ留ル、或時忠利公命有テ武藏ト彌四郎ト密

カニ御前ニ於テ其手技ヲ比ヘシ、尤モ互ニ勝負ノ批判致スベカラズトナリ、近習モ除ク
ラレテ、御腰物持一人差置カレシナリ、扨兩人木刀ヲ以テ立合ナスベシ合フコト三度、
彌四郎皆テ勝ナシ、武藏モ御前故强ク撃ツコトナク唯技ヲ抑ヘテ働ラカセズ、忠利公御
工夫ヲ回ラサレ御自身ニモ御立合在リシカドモ一向御勝利ナシ、依テ甚ダ驚キ給ヒテ如
何異ナル者トハ思シ召レザリキト感稱シ給ヒ夫ヨリ二天一流ヲ御修行アリ、其道ニ御器
庸有テ追々御相傳ヲ受ラルルナリ、寛永十八年ニ命有テ初メテ兵法ノ書三十五ヶ條ノ覺
書ヲ錄シテ差上ラル、于時三月十七日忠利公御逝去ナリ御歳五十四、御法號妙解院殿臺
雲宗伍大居士

一氏井物語ニ先年武藏同國シテ江戸ニ在シ時、柳生家ノ士大瀬戸隼人辻風某ト云强力ノ
者アリ武藏ト勝負ヲ爲ンコトヲ請フ、武藏心得タリト立向フ、大瀬戸進ンデ打ントス、
武藏其先ヲ撃チ大瀬戸立所ニ倒ル、續ラ辻風打テ懸ル、如何爲ケン辻風後ロニ斃レ椽ノ
先キナル石ノ手水鉢ニテ背骨ヲ打テ氣絶ス、其ノ後病テ遂ニ死ストナリ、是ハ書院ノ内
ノ事ノヨシ辻風ト云者ハ豪兵ニテ馳馬ヲ脇ヨリ走リ懸リ平首ニ抱付組留ムル程ノ强力ノ

者ナリト云ヘリ

氏井ハ熊本新一丁目ニ居住ス其子モ柳生家ニ門弟トナル、柳生流ハ神陰流上泉武藏守ノ傳ナリ、疋田文吾郎神後伊豆守學ノ新陰ト稱スル也柳生但馬守一家ヲ建ルト云

一武藏岩流ト勝負ヲ決セシコト區々ノ評アリ、或人武藏ニ謂テ曰ク岩流ト勝負既ニ決シヌ、然ルニ武藏止メナ可刺ニ倉皇トシテ退キ歸ル、夫勝負ハ時ノ運ニテ優劣何ゾ懸隔アラン、又勝負ノ時一應小倉ニ到リ興長主ニ對シ禮謝シ可去事ナルニ即日歸船スルコトノ速カナルヤ、定テ忠興公忠利公細川中務大輔立孝公モ岩流ヲ厚ク遇シ給フ是其御遺念ナクンバ有ルベカラズ、家士ノ中ニモ門弟有テ恨ミヲ含ミ仇ト成ベシト是等慍有テ敢テ不近、後ニ肥後ヲ賜リテ幾程モナク小倉ニ來ル、扨又島原ノ軍中ニ何ノ功ナシ、幸ニ門弟伊織ガ軍功有テ登庸セラルルヲ以テ是ニ凭リタルナリ以テ可笑、武藏笑曰岩流ト勝負セシトキ國君何ゾ渠ヲ助ケテ我ヲ憎ミ給ン、已ニ其日ノ號令嚴重成ナ以テ知ベシ、譬ヒ門弟恨有トモ君命ヲ背キテ師ニ贔負センヤ、又勝テ後止メヲ刺コト怨敵ノ所作也、渠ト我ト爭フ處ハ唯劍術ノ手技ヲ比ブルノミ、何ヲ以テ怨ミ憎ミ勝テ後刺殺サンヤ、我若渠

ガ又ニ罹ラバ忽內段トナランシ、然レドモ渠一旦我木刀ニフレテ斃ルヽト云ドモ若再活ルコトヲ得バ渠ニ於テ幸ナラズヤ、既ニ先年吉岡清十郎ト勝負ヲ爲シ時モ木刀ヲ以テ擊之清十郎自絕ルト云トモ其ノ後甦活壽ニ於テ幸ナリ、小次郎不幸ニシテ我手ニ死スル處ロ誠ニ以テ可惜也、又島原ノ軍中功ナシト我壯年ヨリ軍場ニ出ル事凡ソ六度ナリ、其ノ內四度ハ先登ス則感狀證據アリ世ノ知ル處ナリ、島原賊徒征伐ノ時ハ我始終忠眞公ノ御側ニ陪シテ自ラ手ヲ不下攻擊ノ籌策ヲ談ズ、明カニ幕下ノ諸士ノ見ル處ナリ、何ゾ區々ノ小功ヲ貪ランヤト云ヘリ、謂ル者辱巡トシテ去ル

寬永九年忠利公肥後ニ御國替ニテ武藏ハ十一年ニ小倉ニ來ル、而正保二年ノ五月死去ナリ、忠眞公ハ同年十二月御逝去ナリ、武藏程ノ者ノ何ゾ如何小處ヲ思ンヤ

一武藏或時興長ノ亭ニ至ル、諸合ノ者ドモ何レモ玄關ニ出迎フ、武藏宮段ヲ上ルトテ足元ヨロメキ袴腰ニ手ヲ掛ケヤツト聲ヲ出シテ上ル、興長主ノ士山本源吾左衞門進出デ手ヲ添可申哉ト云、武藏ヨシ〳〵夫ニハ及ズト云テ通リヌ、或時一丁目八百屋町ニ火事有リ、町幅狹キ町ニ屋根ヨリ屋根ニ梯子ヲ打渡シ其ヲ走リ通ル者アリ下ヨリ見者何者成ゾ

ト驚ロク許ナリ、何レモ誰ト云フコトヲ不見知、後武藏ナルコトヲ知レリ平日氣ヲ包ミ極老體ノ如ク既ニ興長主邸ニテハ脇ヨリ手ヲ添ヘント云程ノ體ニテ又如斯輕捷ナル事アリ平日供廻リハ侍六人程鎗持挾箱馬ナル由、大組頭ハ今日備頭ナリ門弟ハ長岡式部寄之主、澤村宇右衞門友好主ヲ始メ諸士千人ニ及ブ寺尾孫之允勝信、同求馬信行此ノ兩人ニ流儀相傳アリ。孫之允後夢世ト號ス

武藏小傳ニ武藏門弟ニ青木城右衞門ト云名アリ、後鐵人ト號ストアリ何國ノ人ト云コト未考、又宮本武藏政名父ハ無二齋ト云十手刀術ノ達人日本開山神明本宮武藏政名トアリ此ノ名流書等ニテ不見（本姓ハ赤松源氏ナレバ源政名ト云タルカ不詳）

一鹽田濱之助ト云者棒捕手ノ上手也、忠興公ヨリ五人扶持十五石賜リ諸士ニ指南ス、或ル時武藏ヲ相手ニ爲シ度由ヲ請フ、武藏直チニ短刀ヲ以テ對ス濱之助ハ六尺八寸ノ棒ヲ持チテ立向フ、武藏濱之助ガ棒ヲ振出サントスル頭ヲ抑ヘテ不爲動、又振出ス後ヲ打ッ、武藏云吾無手ニテ居ベシ吾間ノ内ニ足踏ミ入レバ濱之助可爲勝ト濱之助大ダ怒テ棒ヲ捨テ手捕ニカヽル、武藏間ノ外ヨリ是ヲツキタホス、依テ間ノ内ニ寄附事不能依之濱之助

拜伏シテ流ヲ改メ門弟ト成ンコトヲ願フ、武藏則門弟トナス、濱之助棒捕手ノ上手ナルヲ以テ門弟中ニ是ヲ習ハシム世ニ武藏流ノ棒ト云ハ壚田流ノ事也

一武藏平居閑靜ニシテ或ハ連歌茶書畫細工等ニテ日月ヲ過了ス、寄之主ノ亭ニテモ連歌會度々有リ、長岡右馬助重政森崎玄三等執筆有リ、連衆物聲次ノ間ニ聞ユレドモ武藏ノ物聲リ許一向ナカリシト、其頃寄之主ノ近習申シ合ヘリトナリ、或時寄之主差物竿ハ如何タメシテ可然哉ト有シニ武藏云竹有之バ出シ玉ヘト寄之主近習ニ命ジテ頃日知行所玉名郡ヨリ能キ竹ヲ取リ寄セ置タリ是ヘトテ則近習モチ出ス、武藏其竹ノ根ノ方ヲ把リ椽端ニ出テ强ク打振ル、其勢ニシハ〳〵シテ中ヨリ割ル丶モアリ節ヨリ折ル丶モアリ、數本把リテ右ノ如クシテ不折ヲ是ガ能候トテ差置キヌ、寄之主感賞笑有テ是ハタシカナル試ナレドモ貴方ノ如キ力量ノ人ニテナケレバ此試出來マジト笑ヘリ

一武藏或時打話ニ事ニ滋ンデ心ヲ不變コト實ニ難シ、我先年吉岡又七郎ト洛外一乘寺村藪ノ郷下リ松ト云フ處ニ會シ勝負ヲ決センコトヲ約ス、然ルニ我門弟來リ告テ云又七郎ハ公ヲ父叔父ノ仇トス、淸十郎以來ノ門弟大勢ヲ引率シ公ヲ差シ挾ミ討テ仇ヲ報ゼント

企ル由ヲ聞キヌ、是公死地ニ着也誠　危キ所也、願バ我々モ相從テ倶ニ拒ム　武藏云各數輩ヲ引出テ戰鬪ニ及ブ時ハ是徒黨ヲ結ンデ戰ヲ催スナリ、是公義ノ固ク禁止スル處ナリ愼マズンバ有ルベカラズ、若一人モ從ヒ來ル者アラバ却テ我ヲ罪ニ陷ルヽニアラズヤ思フニ渠ガ賊術奈何ゾ懼ルヽニ足ント云テ門弟ヲ返ス、先年、渠ガ父淸十郎及叔父傳七郎ト會セシ時ハ我期ニ後レ凝滯シテ勝ム、這回ハ是ニ引替ヘ我先進テ行ベシト鷄鳴ヨリ獨歩シ洛ヲ出ル、路ニ八幡ノ社アリ因テ思フ我幸ニ神前ニ來レリ正ニ勝利ヲ祈ルベシト社壇ニ至テ愼ンデ鰐口ノ紐ヲ把テ將ニ打鳴ラサントス忽チ思フ我常ニ神佛ヲ信仰セズ、今此難ヲ憚テ敬禱ストテ神夫レ受ムヤ吁謬レリト即チ其紐ヲ措テ孜々トシテ壇ヲ下ル、慚愧汗流レテ踵ニ至ル、直チニ馳テ下リ松ニ至ル、夜未明寂々トシテ松陰ニイム、暫ク有テ又七郎數十人ヲ引率シ燈ヲ提テ來リ云定メテ武藏又遲滯シテ期ニ後レンコト必セリトテ松根ニ近ヅク時武藏待得タリト高聲ニ呼ビテ大勢ノ中ニ切リ入ル、又七郎駭キ同拔合ントスル處ヲ又七郎ヲ眞二ツニ斬殺シ、徒黨ノ者共周章切懸ル或ハ鎗ヲ以テ突キ懸リ半弓ニテ射ル、其ノ内矢一筋我袖ニ留ルノミニテ幸ニ疵ヲ蒙ラズ、我前後左右ノ者ドモヲ斬崩シ追立レバ大勢崩タル息踏留ル者モ無ク狼狽シ竟ニ我全勝ヲ得タリ、退テ彼ノ神前ノ事ヲ思フニ事ニ涖ンデ心ヲ不變コト難シト云リ
武藏自誓ノ書ノ中ニ佛神ハ尊シ佛神ヲ不頼トアリ猶奥ニ出ス、此ノ時帶セシ刀三尺餘大原眞守ノ作今澤村家ニ傳レリ

一戌年正月三日ノ晩御花畠ニ於テ御謡初ノ時各座列ニテ武藏モ有リ、現式未始潜カニ聲有リ、然ルニ志水伯耆殿于時大組頭ナリ、上座ヨリ武藏曰ク貴方先年岩流ト勝負アリシ時岩流先ニ打タル由風說如奈、其通リノ樣子ニテ有リシヤト尋ラル、武藏トカクノ言ナク立テ燭臺ヲ取リ伯耆殿ノ膝本ニツカト座シ、我幼少ノ時蓮根ト云腫物致シ其痕有テ月代難成總髮ナリ、岸流ト勝負ノ時ハ渠ハ眞劍我ハ木刀ナリ、眞劍ニテ先ヲ打レシナラバ疵跡アルベシ、能ク御覧可有ト左ノ手ニテ燭臺ヲ取リ右ノ手ニテ髮ヲ掻分ケテ頭ヲ顏ニ突カヽル、伯耆殿彼レニ及リテ疵見ヱ不申ナリ、定メテ御覽有ベシト云、成程得度見屆ケ申シタリト、其ノ時ニ立テ燭臺ヲ直シ本ノ座ニツキ髮掻撫テ自若トシテ在リ眞ニ一座ノ諸士手ニ汗ヲ握リ鼻息スル者モナク見ヱタリ是伯耆一生ノ躁卒也ト其頃批判有シト也

一正保二年ノ春武藏疾病也同四月書ヲ家老衆ニ與フ其文

態々各樣迄以書附御理申候兼て病者に御座候處殊に當春煩申候而以來別て手足難立相成候此前拙者年久敷病氣故御知行之望抔不仕罷在候先越中樣御兵法御數寄被成下候故一流之見立申分度存粗兵道の手筋被成御合點候時分無是非申合せ失本意候兵法の利とも書附迄に御合點如何敷存下書許調べ差上兵道新敷見立候事儒者佛者之古語用法之古沙汰ども不用只一流分け心得利方之思分以諸藝諸能の道にも存大形於世界之理明らかに得意候へども世に逢不申體無念にぞんじ候今迄世間兵法にて身過候樣に存候右樣之事は眞の兵法の病に成申候事に御座候今や處末々之世に拙者一人之儀は古今之名人に候へば奧意御傳へ可申候處手足少しも叶不申候當年許の命も難計候へ者一日成とも山居仕死期之體世上へ對し蟄居候事被仰付候樣に御取成可被下巳上

四月十三日　宮本武藏

玄信判

式部殿

監物殿

宇右衛門殿

餘

其ノ後潜ニ靈岩洞ニ至リ靜カニ終命ノ期ヲ了セントス、然ルニ早ヤ世上ニ何角奇怪ノ浮説アリト寄之主聞召シ、放鷹ニ托シテ岩戸ニ到リ武藏ヲ諫メテ誘ヒ千葉城ノ宅ニ歸リヌ、爲介抱寄之主ノ家士中西孫之允ヲ差添置候也

一同五月十二日寄之主友好主ヘ傳ヘ遺物腰ノ物幷鞍ヲ讓リアリ、寺尾勝信ニ五輪ノ卷同信行ニ三十五ケ條ノ書ヲ相傳也、外夫々ノ遺物アリ増田惣兵衛岡部九左衛門ト云者武藏譜代ノ者ノ由ニテシカモ手ニ合ヒシ者故被召使可給申頼テ亡後ニ寄之主召抱ラル、物事カタツケ極メラレテ自誓ノ心ニ書セラル

獨行道

一世々の道そむく事なし

一身に樂みをたくます

一よろつに依怙の心なし
一一生の間よくしん思はす
一我事にたいて後悔をせす
一善悪に他をねたむ心なし
一何れの道にも別をかなします
一自他ともに恨みかこつ心なし
一れんほの道思ひよる心なし
一物事にすき好むことなし
一私宅にこひて望む心なし
一身ひとつに美食を好ます
一末に代物となる古き道具所持せす
一我身にいたり物いみする事なし
一兵具は格別餘の道具をたしなます

一道にたいては死を厭はす思ふ
一老身に財寶所持もちゆる心なし
一佛神は尊し佛神をたのます
一常に兵法の道をはなれす
正保二年五月十六日

新免武藏
玄信　判

一同五月十九日千葉城ノ宅ニテ病卒ス歳六十二、武藏遺言ニマカセ甲冑ヲ帶シ六具ヲ固メテ入棺也、兼テ約ナレバ泰勝寺春山和尚導師ニテ飽田郡五町手永弓削村ノ地ニ葬ス、規式尤モ夥シ、春山和尚ノ引導終ルト齊シク一天晴レタルニ雷聲一ツアリ、諸士ノ下部ドモ驚キ葬場大ニ騷動スト云ヘリ、其ノ後寄之主廟参有リテ弓削村ノ庄屋ヲ呼出シ墓ノ掃除等無怠可致旨被申附米五十俵賜フ由ナリ
送葬ノ時一ツ雷鳴シコトハ奈何ニモ其例ナキニシモアラズ、細川右京太夫勝元或ハ山名右衞門佐宗全等送葬ノ時如是有シ由應仁記ニ見エタリ、必豪傑ノ死去葬禮ニハ如是

事有トㇾ云ヘリ

新免玄信像之讃　　林　羅山作（羅山文集ニ出）

旋風打連架者。異僧妄話也。袖裡青蛇飛而下者。方士幻術也。劍客新免玄信。每一手持一刀。稱曰二刀一流。其所擊又所刺。縱横抑揚。屈伸曲直。得于心應于手。擊則摧。攻則敗。所謂一劍不勝二刀。誠是非妄也非幻也。庶幾進可以學萬人敵也。若推而上之則淮陰長劍。不失漢王左右手。以小譬大豈不然乎。

碑銘

兵法天下無雙播州赤松末流新免武藏守藤原玄信二天道樂居士碑。正保二乙酉曆五月十九日於肥後熊本卒于時承應三甲午曆四月十九日

孝　子　某　謹　建　焉

臨機應變者良將之達道也。講武習兵者軍旅之用事也。游心於文武門。舞手於兵術之場。而逞名譽人者其誰也。播州英產赤松之末葉。新免之後裔武藏玄信號二天。想夫天資曠達

不拘細行。蓋斯其人乎。爲二刀兵法之元祖也。父號新免無二。爲十手之家。武藏受家業。
朝鑽暮研。思惟考索。約知十手之利倍于二刀甚以夥矣。雖然十手非常用之器。二刀是腰
間之具。乃以二刀爲十手理。其德無違。故改十手爲二刀之家。誠舞劍精選也。或飛眞劍。
或投木刀。北者走者不能逃避。其勢恰如發强弩百發百中。養由無踰于斯也。夫惟得兵術
於手。彰勇功於身。方年十三而始同州與新當流有間喜兵衞云者。進而決雌雄。忽得勝利。
十六歳春。但馬國有大力量兵術人名秋山者。又決勝負。反掌間打殺其人。芳聲滿街。後
到京師。有扶桑第一之兵術吉岡者。請決雌雄。彼家之嗣淸十郎。於洛外蓮臺野爭龍虎之
威。雖決勝負。觸木刄之一擊。吉岡倒臥于眼前而息絶。預依有一擊諾。輔弼於命根矣。
彼門生等助乘板上。藥治温湯漸而復。棄兵術薙髮畢。然後吉岡傳七郎。又出洛外決雌雄。
。傳七郎袖五尺餘木刀來。武藏臨其機。奪彼木刀。擊之伏地立處死。吉岡門生含寃密語
云。以兵術之妙非所可敵對。運籌於帷幄。而吉岡又七郎寄事於兵術。會于洛外下松邊。
彼門生數百人。以兵仗弓箭忽欲害之。武藏平日有知機之才。察非義之働。竊謂吾門生曰
儞等爲傍人速退。縱怨敵成隊。於吾視之如浮雲。何恐之有。散衆敵也。似走狗追猛獸。

震威而歸。洛陽人皆感歎之。勇勢知謀以一人敵萬人者。實兵家之妙法也。先是吉岡代々爲公方之師範。有扶桑第一兵術者之號。當于靈陽院義昭公之時。召新免無二與吉岡令兵術決勝負。限以三度。吉岡一度獲利。新免兩度決勝。於是令新免無二賜日下無雙兵術者之號。故武藏到洛陽。與吉岡數度決勝負。遂吉岡兵法家泯絕矣。爰有兵法達人名巖流。與彼求決雌雄。岩流云請以眞劍決雌雄。武藏對曰儞揮白刄而盡其妙。吾提木戟而顯此祕堅結漆約。長門豐前之際海中有島。謂舟島。兩雄同時相會。岩流手三尺白刄來不顧命盡術。武藏以木刀之一擊殺之。電光猶遲。故俗改舟島謂岩流島。凡從十三迄壯年。兵術勝負六十餘場。無一不勝。且定云不打敵之眉八字之間不取勝。每不違其約矣。自古決兵術之雌雄人其算數不知幾千萬。雖然於夷洛間英雄豪傑前打殺人。古今不知其名。武藏屬一人耳。兵術威名遍四夷。其譽也不絕古老口。所銘今人肝。誠奇哉妙哉。力量早業尤異于他。武藏常曰。兵術手熟心得。一毫無私。則恐於戰場領大軍。亦活國豈難矣。豐臣太閤公嬖臣石田治部少輔謀叛時。或於攝州大阪秀頼公兵亂時。武藏勇功。其名縱有海之口溪之舌寧說盡。簡略不記之。加旃無不通禮樂射御書數之文。況小藝巧業殆無爲而無不成者歟蓋大丈夫之一體也。病卒於肥之後州。時自書於天仰實相圓滿之兵法逝去不絶字。以言爲遺像焉。故孝子某立碑。永傳于不朽。令後人見。嗚呼偉哉。

此書本景英祖父卜川甫所輯。而雖有故書篋中。蓋以說一天師之事者。當時已紛然無由取眞。是以得故老證話則筆之備其忽忘。已至父八水甫。以上去先師之世愈遠。夫人區說不分眞僞。不辨溢美。附會復滋多。於是採輯祖父所錄讀之。其信而明無有若此者。因以爲學此流者。不知先師之事固不可也。况於聽誤以爲眞者乎。是以抄書其所錄。加之以自所傳聞。書未成。會不幸病歿矣。景英傷其事不卒。且先師之跡茅塞焉。故謹校之。如其文獨未脫稿。唯取明事實耳。恐致毫釐過千里。是以不敢改之。幸我同志之人垂裁焉。

安永丙申仲冬日　　豐田景英子俊書

宮本伊織方より長岡監物殿への書面

一筆致啓上候去る二十三日私共能歸候刻貴札拜見仕り候然者今度同苗武藏相煩候內肥後守樣より寺田求馬之助殿被爲附置養生被仰付被下候得ども定業故無甲斐相果候巳後所置

三御目之御法事幷墓所儀迄被入御念可被爲仰付旨誠以冥加之至難有奉存候武藏病中御見廻被成御所置之砌野邊之御名代被遣幷法事之節御香奠被懸御意其上爲御燃香御寺迄御出被成由諸事被入御念候段忝奉存候爲御禮先以飛札如斯御座候尚自是可得貴意候恐々謹言

五月二十三日　　宮本伊織判

長岡監物様

右返辭

御札拜見申候如仰今度武州病中肥後守所より寺尾求馬殿と申者付置被申養生被申付候へども無詮御果候儀御殘多存候武州病中御病去以後之儀迄追々被仰立爲御禮御慇懃之御紙面忝存候如何様自是可申入候恐惶

閏五月二日　　長岡監物判

宮本伊織様御報

一筆致啓上候然者從

肥後守樣同名武藏病中死後迄寺尾求馬殿被爲成御附置於泰勝寺大淵和尚樣御所置法事被
下御執行墓所迄結構に仰付被下候段相叶冥加私式迄難有奉存候此段乍恐到江戸岩間六兵
衞方迄御書狀申上候處外彌後貴殿樣可然樣被仰可被下候隨而書印之驗迄胡桃一箱幷鰹節
一箱二百入致進上候恐惶謹言

閏五月二十九日　　　宮本伊織判

長岡監物樣

參る人々御中

預御文札致拜見候然は武州病中肥後守所より寺尾求馬ト申者附置被申候御死去以後之儀
モ被申付候樣體能入御念被仰越御紙面之趣肥後守所へ可申遣候仍胡桃一箱鰹節一箱二百
入被懸御意御心入之段忝存候尚期後音之時候恐惶

六月五日　　　長岡監物判

宮本伊織樣御報

或曰村上平内正雄者。學兵法於新免辨助之門。其派存于今者二家。子今作武藏流傳統系圖。而外之者何邪。曰余嘗聞正雄學兵法於辨助師之門久矣。藝既成。以爲天下唯師勝己也。心竊害之。乃携四尺餘木刀擊其不意。師徒手奪其刀叱而逐其門。後數年正雄授劍法於人。師之姪志方元經聞之以書責其僭。正雄答謝曰浪士無由糊口。用此自給耳。然所授于人非所受師也。元經恐不問是以遂興一家。名曰村上流。其謝書存于志方氏。木刀存于寺尾氏皆歷々于今。然而世人以村上大塚二家出于正雄者混志方山東二家出于武藏守者。而共稱武藏流。余恐眞僞之辨久而益廢也。故作武藏流糸圖別附以村上流揭之於二天記之末。以示後人矣。

天保十五甲辰歲孟冬　　友成正信識

明治四十二年九月廿一日印刷
明治四十二年九月廿五日發行

定價金六拾五錢

京都市上京區下立賣通新町東入
東立賣町
編輯兼發行者 武德誌發行所
右代表者 杉本善郎

京都市下京區白川筋三條下ル東入
印刷者 笹川廷次郎

京都市下立賣通新町東入
印刷所 京都印刷株式會社

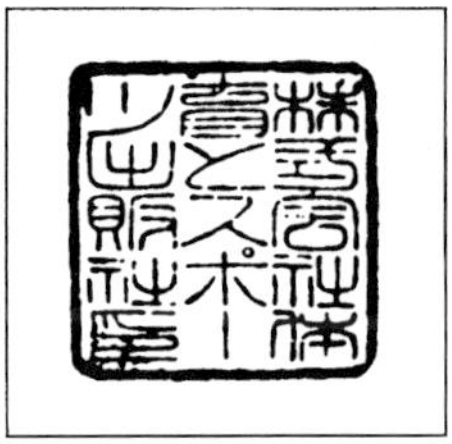

剣道秘要（オンデマンド版）

二〇〇二年二月十日発行

著　者　宮本武蔵

発行者　橋本雄一

発行所　㈱体育とスポーツ出版社
東京都千代田区神田錦町一―一七
電話（〇三）三二九一―〇九一一
FAX（〇三）三二九三―七七五〇

印刷所　㈱デジタルパブリッシングサービス
東京都新宿区東五軒町六―二一
電話（〇三）五二二五―六〇六一

ISBN4-88458-132-6　Printed in Japan　AA677